I0463716

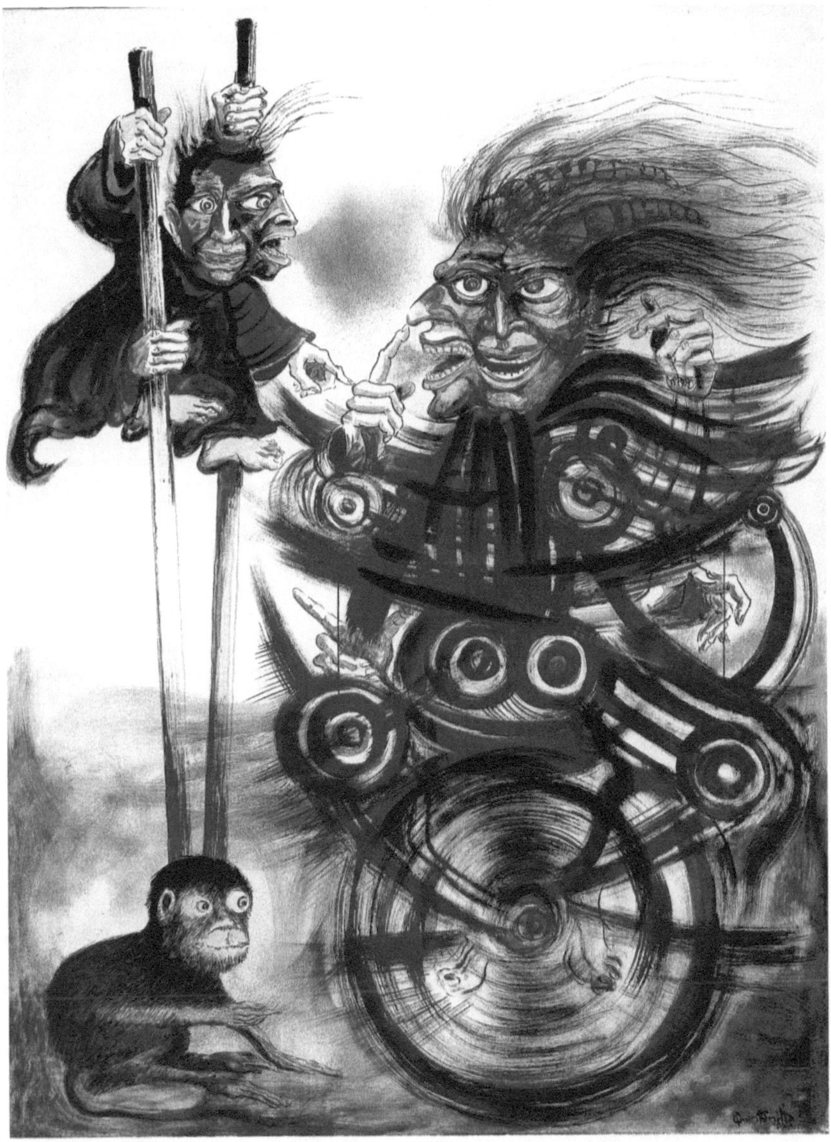

Quintanilla, el hijo de los Apus

Eduardo González Viaña

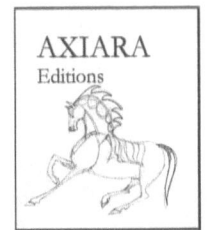

AXIARA
Editions

Coordinación editorial: Efraín M. Díaz-Horna

Arte de portada: Efraín M. Díaz-Horna

Fotografía: Juan Pablo Herrera Artigas

Primera edición: Axiara Editions 2012

Salem, Berkeley & Sevilla

© Eduardo González Viaña

www.elcorreodesalem.com

ISBN-13: 978-1481108935

ISBN-10: 148110893X

Impreso en los Estados Unidos de América

Aberto Quintanilla es todo un pintor: las formas y colores de sus cuadros brotan del sueño milenario de los dioses andinos, de sus criaturas, de sus paisajes, de lo que aún habita en el fondo de las huellas que esos dioses dejaron. El país donde habitan sus personajes es un Perú que se extiende por todo el universo.

Jorge Díaz Herrera
Trujillo, Perú

Alberto Quintanilla también es un mago de la palabra. En estas páginas Eduardo ha aprisionado al jilguero y a su canto. Tarea difícil de asir una voz mágica y montaraz. Sus palabras son códigos que vienen de lejos. A manera de esos perros siderales eternamente enamorados de la luna.

Este libro también es la voz de la ternura, de la amistad y la esperanza de toda una cultura. Es la voz forjada al fragor del fogón inextinguible de la oralidad andina.

Nilo Tomaylla
Ginebra, Suiza

Un grupo de campesinos indígenas del Cusco entró a la sala donde se exponían las esculturas de Quintanilla y prendió velas en torno de cada una de ellas como si vinieran del cielo. Es el mayor homenaje que puede recibir un artista. Sus obras son de este mundo, pero también del otro.

Efraín Díaz Horna
Salem, Oregon (USA)

Alberto Quintanilla ha nacido en el Cusco pero su arte trasciende los espacios físicos y temporales. La suya es una pintura transgresora en la que los espíritus de los Andes se rebelan y sueñan.

Elqui Burgos
París

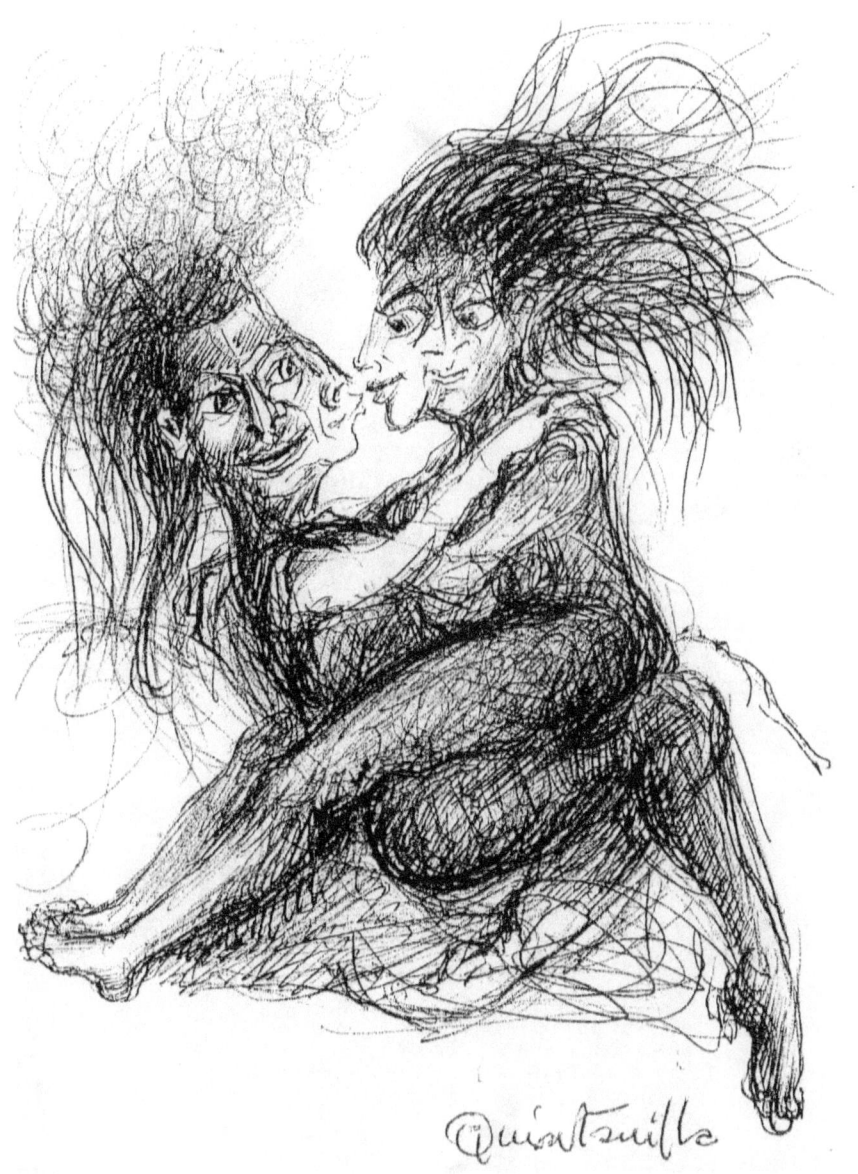

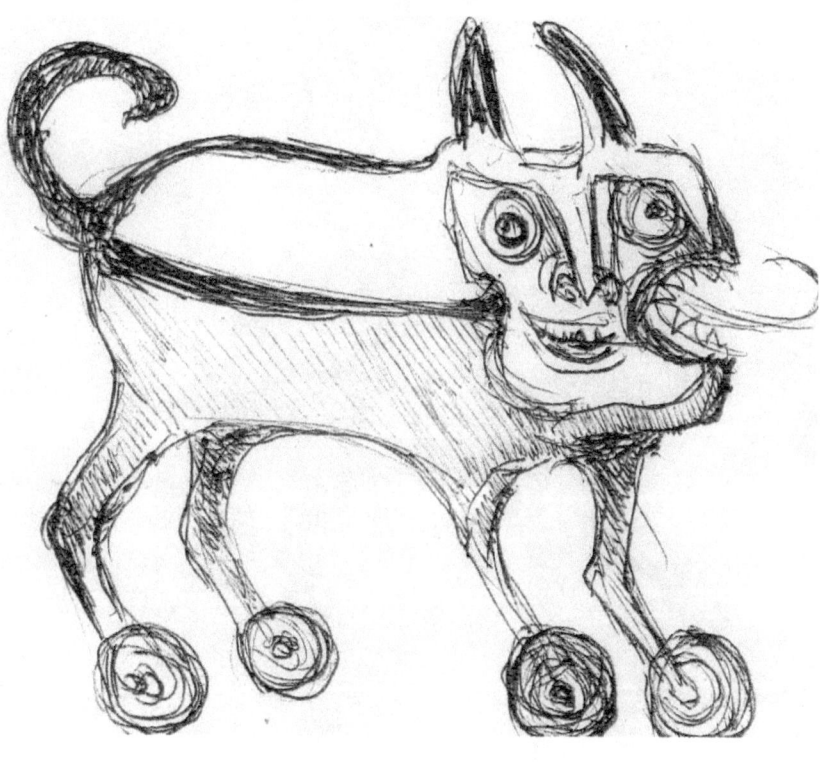

Quintanilla, el hijo de los Apus

Por Eduardo González Viaña

Pablo Picasso dijo una vez que "Quintanilla es el primer aporte peruano a la pintura universal".

Las obras de este cusqueño nacido en 1934 se encuentran en los más prestigiosos museos del mundo.

Por su parte, la crítica europea señala que su pintura es fundamental para el desarrollo de la plástica del siglo XX.

El Congreso del Perú lo invistió hace poco con la distinción más alta que otorga ese poder del Estado a un hombre ilustre.

Sin embargo, para el artista – que hace dibujos, grabados, óleos y esculturas- hay algo mucho más importante que esos reconocimientos. Es el recuerdo que tiene de un grupo de campesinos cusqueños que ingresó en una sala de exposiciones para adornar con flores y prender velas en torno de sus esculturas.

Ese tributo místico y humilde a su obra le hace saber que está cumpliendo con lo que se ha propuesto: ser la expresión del eterno e indestructible mundo andino. Tal vez es en nuestros días un renacido ceramista, alfarero o pintor, de aquellos que edificaron en el Tawantinsuyo una cultura que ha de durar hasta el fin de los tiempos. Acaso, como un hombre de aquellos tiempos o como un simple artesano de los nuestros, es un hijo de los Apus, aquellos seres tutelares que, disfrazados de montañas, protegen al Cusco.

Sin embargo, no se siente satisfecho. Cree que le falta todavía un poco. "Un cuadro no se acaba nunca"-dice con frecuencia. Añade que: "Hay que recordar que somos una parte del cosmos. Por mi parte, cuando muera me convertiré en una piedra."

Nos hemos sumergido en la observación de sus cuadros, en la fascinación de sus colores asombrosos y en la admiración de sus fantásticas esculturas. Ha trabajado tanto que si éstas se juntaran en el campo formarían algo parecido a los fantásticos ejércitos chinos de terracota.

Todo ello es un lenguaje que ningún texto literario sería capaz de expresar porque la palabra no puede suplir a las imágenes. Tal es la razón por la cual nos hemos reunido con él y le hemos pedido que nos cuente, para que nos hable de su infancia, para que nos explique cómo creó todo eso y para que nos revele de qué manera los Apus le confirieron el sagrado mandato de pintar.

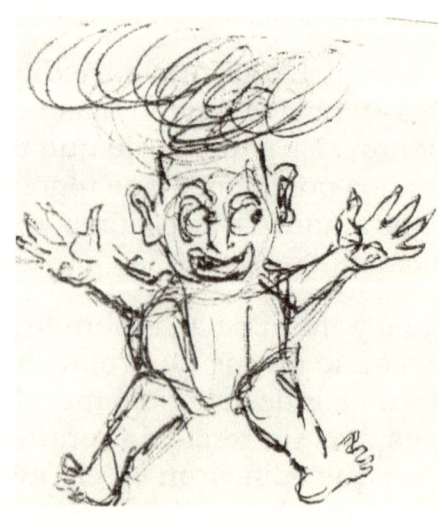

I) El amor de Carmela me va a matar

Alberto Quintanilla necesita tocar la guitarra para hablar de su vida. Aunque hablamos en desorden, me entero que el 29 de abril de 1944 fue uno de sus días más felices. Había una buena razón para ello: cumplía 10 años, y Carmelita, su maestra, le organizaba una fiesta en la escuela.

La bella pedagoga había preparado una torta y, por su parte, los alumnos entonarían algunas canciones y le ofrecerían algunos regalos durante la hora del recreo.

Salió de casa con una hora de anticipación. Estaba sumamente interesado en llegar temprano porque tenía 14 hermanos, y sus padres no se daban abasto para celebrar los cumpleaños de todos ellos. Una fiesta en la escuela sería la alegría de su vida.

No era Ésa su única preocupación. Aunque generalmente quien recibe obsequios es el cumplimentado, Él también quería hacerle uno a su maestra. Atravesó corriendo toda la calle de Intik'iqllo donde habitaba para llegar pronto a un jardín cercano en el que pretendía hacerse de un ramo de flores robadas.

Mientras escogía las camelias, recordó que Intik'iqllo significa el lugar por donde entra un rayo de sol o también la calle donde la luz se adelgaza para no desaparecer. Tal vez se le ocurrió que iba a llevar también un ovillo de luz a su maestra.

Ya estaba por fin en la calle de Saphi. Allí vivían Salomé, Julia y María, las amigas de su abuela. Solamente encontró a la primera y eso le bastaba. Se detuvo frente a ella, la saludó y esperó que ella estuviera desocupada para rogarle que le enseñara a modelar en papel la figura de una mujer muy bonita.

Las ancianas del barrio solían diseñar muñequitos con cola y chuño que se vendían en las fiestas. De sus casas salían fantásticos perros, sapos, búhos" y hombres sin cabeza. Entre esas figuras, a Alberto lo fascinaba la de la "carcancha", un esqueleto altivo que representaba a la muerte.

La viejitas aceptaban encantadas su pedido porque sabían que era un niño artista y porque, luego de aprender a hacerlos, creaba muñecos aún más asombrosos de los que ellas le habían enseñado a hacer.

Sin embargo, esa mañana, el pequeño Alberto no pudo lograr que doña Salomé le prestara un mínimo de atención.

De pronto, la anciana lo miró:

-¿Mujer bonita? ¿Dices que quieres aprender a diseñar una mujer bonita? ¿Y para qué quieres una mujer tú, a tu edad?

Lo había dicho sin dejar de hacer su tarea y sin mirarlo. El niño no sabía qué responder ni mucho menos si la viejita lo iba a atender.

Ya había salido el sol y quemaba. Doña Salomé estaba dando de comer a los animales domésticos.

Alberto esperó un buen rato para que ella le volviera a hablar, pero todo fue en vano porque la anciana no se limitaba a ofrecer los granos de maíz a las gallinas, ni las zanahorias a los conejos, ni mucho menos la sopa de tomate a los puercos. Además de hacerlo, conversaba con los animales.

-No seas tan perezosa.- le dijo a una gallina que parecía haberse olvidado de poner huevos.

-No pareces ser muy hombrecito.- le criticó A un gallo. Añadió:

-Si estuviera por acá el gallo giro, otro gallo cantaría. Todas las gallinas estarían cacareando y poniendo huevos.

Luego pasó el cerdo a solicitar su comida, pero antes de dársela doña Salomé lo retuvo para hacerle una pregunta.

-Oye tú, ¿sabes dónde se encuentra la pulserita de oro de mi sobrina Merceditas?

-¡Oinc, oinc!.- respondió el interrogado, y eso probablemente significaba que no lo sabía.

-¿Y sabes cuándo va a encontrar marido la Merceditas?

Como todo el mundo lo decía, los cerdos eran hábiles para encontrar cosas perdidas y eran además muy entendidos en asuntos de amor. Aquél, por toda respuesta, movió la cabeza de arriba hacia abajo, y eso quería decir que muy pronto habría boda en la casa. Eso le encantó a la viejita quien le llenó el balde de comida.

Después, ella se acercó a la oreja de un perro negro y comenzó a hablar con él en tono de confidencia. Le tomó mucho rato hacerlo y, por eso, se sintió obligada a contarle al niño la razón de aquello:

-Cuando tengas una pesadilla, Albertito, y no desees que los malos sueños se cumplan, tienes que hacer esto. Te levantas temprano, buscas un perro negro, le levantas la oreja derecha y le cuentas todo lo que has soñado.

La mujer siguió haciendo su confidencia al perro. Después, como si no estuviera muy segura de haber sido escuchada, le levantó la oreja izquierda y volvió a su relato. Se la veía muy preocupada.

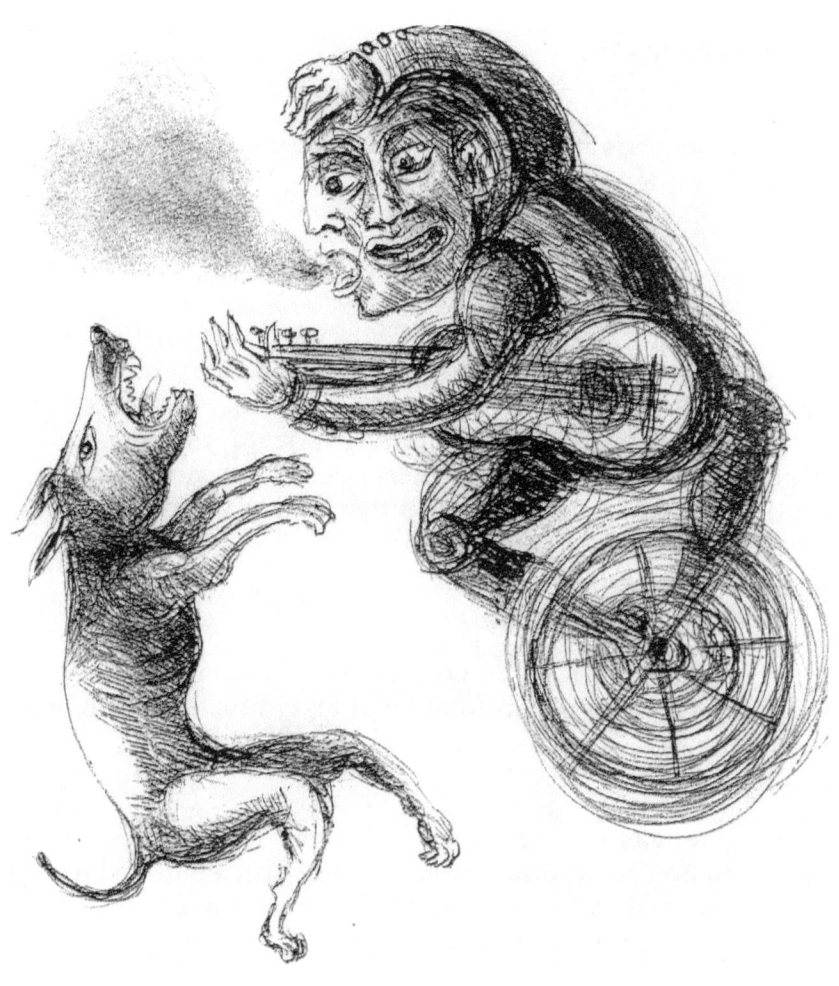

-¿Era muy triste su sueño?

Doña Salomé se puso a pensar un momento.

-Pues fíjate que no.

-Y si no era triste, ¿por qué se preocupa?

-Es que no era triste. Era ridículo.

El perro parecía estar pensando para responderle. En todo caso, era evidente que el sueño le causaba risa. Tenía la boca abierta, y la lengua parecía la de un hombre que se está riendo sin contenerse.

-No te rías, perro. Soñé que una mujer adulta se casaba con un hombre muy joven, y que esa mujer era yo. Es evidente que se trataba de un sueño equivocado. Tal vez el sueño vino a buscar a otra mujer, y se equivocó de casa y de lecho.

-¿Está usted segura? ¿Dijo usted que una mujer adulta se casaba con un joven?...

El niño continuó haciendo preguntas pero doña Salomé no respondió porque se había ido corriendo tras de un conejo con quien tenía que hablar muy en serio.

¿Y qué tal si Carmelita, su maestra, decidiera casarse algún día con él?

Alberto estaba enamorado de su maestra. Para ella, eran los muñecos que doña Salomé le había enseñado a hacer. El rostro de ella era el que dibujaba con su caja de colores en todos sus cuadernos.

No tan sólo él. Eran 42 los alumnos, y todos estaban prendados de Carmelita. Alberto dibujaba en pequeños cartones el perfil de su maestra. Sus compañeros le ofrecían caramelos para que hiciera uno para cada uno de ellos.

El niño apuró el paso. Decidió llegar a la escuela antes que todos y esperar a que Carmelita lo viera y le dedicara una sonrisa especial por ser el día de su cumpleaños.

O tal vez ella le contaría que había tenido un sueño extraño en el que esperaba algunos años para casarse con su alumno más querido.

Divisó su silueta cuando ella se encontraba a la altura de la Iglesia de la Compañía... pero no venía sola.

El hombre que la acompañaba, ¿era su padre o su hermano?... Ni el uno ni el otro. Era un abogado del Cusco, el doctor Ferdinand Cuadros... y la tenía de la mano.

No necesitó ver más. Alberto se apartó de la puerta de la escuela. Tomó el camino de la iglesia de la Compañía y se alejó. No faltaba más. También él se haría extrañar en clase. Se alejó hasta llegar a la avenida del Sol y corrió. Corrió como si anduviera perseguido. Lo perseguía el amor.

Había oído decir que las piedras del Cusco eran mágicas. Se lo habían repetido los ancianos y las viejas canciones. Cusco perdió la guerra hace quinientos años. Cusco fue invadido, y sus incas devueltos al cielo.

Según las leyendas que había escuchado, "nuestro padre Inkarri" fue asesinado y descuartizado, y su cabeza la mandaron a España. Pero su corazón vive aquí y habla a través de nuestras piedras sabias. Eso es lo que había escuchado entre los ancianos que practicaban la adivinación a través de las hojas de coca.

Uno de ellos le había dicho:

"Y cuando nuestras piedras hablan, el cielo se inclina para escucharnos y la tierra se emociona y nuestros muertos vuelven a nuestro mundo para estar de nuevo junto con nosotros porque una y otra vez, los cusqueños somos la puerta y las columnas del universo."

También recordaba la canción que decía todo eso. La cantaba un músico ciego. La repetían los violines. Todo le decía que debía confiar la primera derrota de su vida a una piedra sagrada. Y por eso, subió y subió hasta llegar a Sacsayhuamán. Corrió junto a los muros solitarios como si anduviera buscando su alma, y, por fin, encontró una alta piedra negra, y supo que era ella a quien buscaba. Se abrazó a ella, y se mantuvo así por más de una hora.

Le habló en quechua. Le susurró con suavidad para que nadie que pasara por allí lo entendiera. Le contó que padecía de un amor no correspondido. Le pidió remedios para hacerse querer y para deshacerse del tipo que andaba con Carmelita.

Tal vez la piedra le respondió que su amor era imposible. Tal vez añadió que había hecho bien en venir a hablar con ella y le aconsejó que lo hiciera en cualquier momento de su vida. Tal vez sólo entonces le llegó la tranquilidad.

-No podrás ser dueño de ella, niño, pero lo serás de su rostro.- tal vez le dijo la piedra.

Desde ese día en que había cumplido 10 años, dibujaría a Carmelita en centenares de pinturas. Ella estaría rodeada de bestias, de diablillos, de monstruos infernales, pero siempre tendría un rostro para mirar al artista desde toda la eternidad.

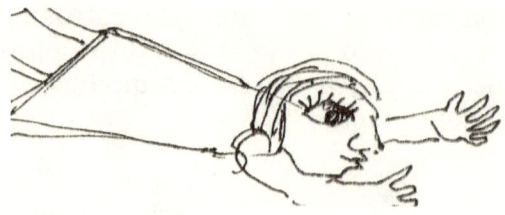

Ella sería la *mamacha* que asombró a los críticos en la Maison de l'Unesco en París en 1982, la virgen de la Bienal de Florencia de 1972, la Carmelita de la IV Bienal de Sao Paolo en 1961, la Mamacha Carmen, la Mamacha Belén, la Madre de los perros, la madre de los fuegos, la madre de todos los mundos.

A la piedra no le bastó con darle aquel consejo. Le hizo saber que siempre podría contar con ella. Le hizo recordar que debería hablarle en quechua y con los ojos cerrados.

-Cuando estés lejos de aquí y quieras pedirme un consejo, niño, basta con que me hables en la lengua de los hombres. Basta con que cierres los ojos y me llames en quechua.

Eso es lo que el niño sintió que le decía la piedra.

Bajó por las calles cercanas y atravesó la gran plaza del Cusco. Iba sonriente, pero con los ojos llorosos.

Esa fue la primera tragedia amorosa del niño Alberto, pero también la conciencia de que tenía un poder superior y que le duraría para siempre. Eso sí, el flamante novio de Carmelita no se saldría tan fácilmente con la suya. Alberto se vengaría. Se fijó bien en el rostro de su rival y advirtió que tenía un acné mal curado. Lo dibujó con la cara comida por la viruela, repartió su retrato colmado de granos y, por fin, dijo que el novio de Carmelita era un comerciante de granos.

Al día siguiente volvió a la escuela. Extrañamente, se sentía libre de toda tristeza a pesar de que para entonces ya había leído los libros de cuentos de Calleja en los cuales los príncipes enamorados se quedan mudos para siempre.

De todas formas, algo había cambiado. Cuando Carmelita preguntó a la clase la lección del día anterior, solamente él levantó la mano a pesar de no haber asistido.

El único problema para la maestra era que el niño estaba respondiendo, pero lo hacía en lengua quechua.

La joven explicó a sus alumnos, y especialmente a Alberto, que la clase era en castellano. Los objetivos de la escuela, según añadió, consistían en lograr que los niños del Cusco dominaran el idioma de Cervantes y comenzarán a olvidar la lengua en la que solían hablar cuando se encontraban en casa.

-¿Has entendido Albertito?

Le desesperaba que la maestra lo llamara con el diminutivo.

-¿Has entendido, Albertito, que en la escuela se debe hablar en castellano?

-*Entendiquchu manachu...*

Alberto no recuerda cuál fue el castigo. Recuerda tan sólo que a lo largo de su vida pintó muchas veces un rostro bello entreverado en medio de los colores siderales. Lo hizo siempre sin proponérselo.

Recuerda además que todas las veces en que el dolor puso en él sus garras, cerró los ojos y recordó la piedra negra de Sacsayhuamán.

¿Es que tu lengua tiene memoria?

¿Es que tu lengua piensa?

¿Es que tu lengua ha despertado?

Todo el tiempo se lo diría en quechua:

¿Calluyki puñusianchu ichariqcharinchu?

Y todo el tiempo respondería en quechua:

-¡Pinto para todos los tiempos. Pinto en quechua!

Juan Alberto Quintanilla Montesinos fue el nombre de su padre. Su madre, doña María Jesús del Mar, acababa de cumplir 102 años cuando yo decidí escribir este texto.

En París, donde vive con su esposa Elena Chatenet inculcó en ella y en sus hijos el amor por la tierra lejana y por el idioma sagrado. Habla con ellos en francés y quechua, y si se encuentra solo en algún lugar del mundo, se va al espejo y conversa consigo mismo... en quechua por supuesto.

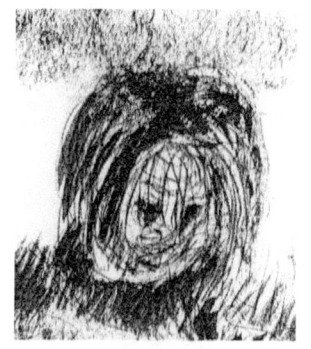

II) ¿Dónde NO está Quintanilla?

En una exposición realizada en París- ante la cantidad de colores, seres fantásticos, laberintos, cirqueros y montañas-un periodista francés me pregunto:

-Y aquí, en toda esta obra, ¿dónde está Quintanilla?

-Ésa no es la pregunta-le respondí.- La pregunta es ¿dónde no está Quintanilla?

Toda la obra del pintor cusqueño ha sido edificada en torno de su propia, rica, mágica e incomparable experiencia. Quintanilla ha nacido en el propio corazón de la milenaria cultura andina y nunca ha dejado abandonada su alma. Como Garcilaso, las vivencias de su niñez se quedaron en él, y no hay momento en que su recuerdo deje de transitarlas.

Al igual que la historia de su antepasado Yaulico, lo persigue la leyenda de su tío Santiago. De él se cuenta que conducía una manada de burros y fue asaltado por un numeroso grupo de abigeos bien armados.

¿Tendría que rendirse y entregarse a los bandidos? No lo hizo. Se guareció tras de una roca gigantesca y desde allí los fue venciendo uno por uno. Por fin, provocó una avalancha de piedras tan poderosa que empujó a sus agresores hacia las corrientes desencadenadas del río.

Después, al comprobar que ni uno solo de sus enemigos se había salvado, se acercó a los burros de aquellos y los sumó a los suyos.

La leyenda cuenta más detalles sobre este personaje singular. Se dice que sabía hablar con los animales y como ellos, y que, mientras se defendía, imitó el rebuzno de un burro anciano e incitó a sus compañeros a que se rebelasen.

Dicen que después los burros y el héroe Santiago regresaron en animada conversación al Cusco.

Además de esta y de otras mitológicas historias, la propia vida de Alberto podría ofrecer material inagotable a un narrador, un pintor o un cineasta ávidos de ficciones.

Por el hecho de haber nacido con dos remolinos de cabello, desde su niñez se le consideró un ser con potencialidades fantásticas. En más de una ocasión, su madre lo prestó para que ayudara a los vecinos en un extraño tipo de tareas.

Elena, una joven recién casada, padecía de un terror a lo sobrenatural. Le espantaba la noche. Creía que el demonio iba a llevársela. Por esa razón, luego de la boda, no se fue a vivir con su flamante esposo. Se quedó en la casa de sus padres donde se sentía más protegida porque ellos habían colocado decenas de crucifijos en su habitación.

Sin embargo, la difícil situación continuaba.

¿Qué hacer frente a ese problema? ¿Cómo evitar que los fantasmas la rodearan por la noche, y acaso se la llevaran al mundo de las sombras? ¿Cómo enfrentarse contra el demonio?

La madre de Elena recordó una vieja receta cusqueña que podía ser aplicada en esos casos. Era necesario que la joven pasara una noche durmiendo al lado de un niño que tuviera dos remolinos de pelo en la cabeza.

La madre de Alberto, quien ya había cumplido siete años, no tuvo inconveniente en prestarlo por una noche si ello significaba la tranquilidad permanente de la recién casada.

-Me llevaron a la casa de la joven y me indicaron que me acostara a su lado.

-¿Y se curó?

-Teníamos que pasar la noche juntos, pero no bastaba con eso. La casa tenía que estar vacía, y por ello los padres de Elena se fueron a dormir a otra parte, y nos dejaron solos.

-¿Y el novio, digo el esposo?

-Supongo que estaba en otro lado muy feliz esperando el resultado.

Además, para cumplir el ritual mágico, los padres de Elena colocaron en la habitación una escoba, un espejo y un jabón. Luego todos se fueron y los dejaron solos como si estuvieran en luna de miel.

-¿Una escoba, un espejo y un jabón? ¿Y para qué necesitaban todo eso?

-Se suponía que el demonio iba a tratar de forzar las puertas de la casa. La cadena del candado no le impediría la entrada. La haría trizas con facilidad. Sin embargo, al acceder al cuarto, la escoba se convertiría en un bosque de espinas. Eso haría sumamente difícil la tarea del malvado. Por eso, tendría que retrasarse en el camino, sufrir pinchazos y llegar muy cansado hasta la cama.

Cuando estuviera frente a la muchacha, el espejo se convertiría para él en un lago. Tendría que nadar una gran extensión hasta casi congelarse de frío. En esos momentos, la noche estaría por acabarse.

Si por último vencía ese impedimento, llegaría sumamente maltrecho a la cama. No sabía él que una nueva prueba, tan endiablada como las anteriores, lo iba a estar esperando. El jabón se transformaría en barro resbaloso. El condenado, ya muy débil, se caería muchas veces antes de sobrepasar ese obstáculo.

Por fin, ya frente a su posible víctima, se quedaría pasmado frente a mis dos remolinos de pelo. Creería que estaba ante otro demonio porque los dos remolinos son propios de la gente que vive en el infierno. Trataría de escapar. Me pediría que no le hiciera daño. Prometería no volver jamás. Mientras tanto, los gallos ya estarían cantando y los perros ladrando a todo dar y proclamando la llegada del día. Nunca más, el demonio volvería a fastidiar a la chica.

-¿Te estaba preguntando si se curó la muchacha?

-Parece que sí porque cuando me devolvieron a casa, la madre de la chica así se lo dijo a mi madre e incluso le dio las gracias.

-¿Y no volvió a recaer?

-Pasaron varios años. Cuando yo ya tenía más de quince años, la joven esposa me hizo llamar varias veces para dormir conmigo y así poder librarse de los demonios.

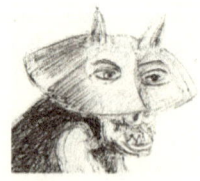

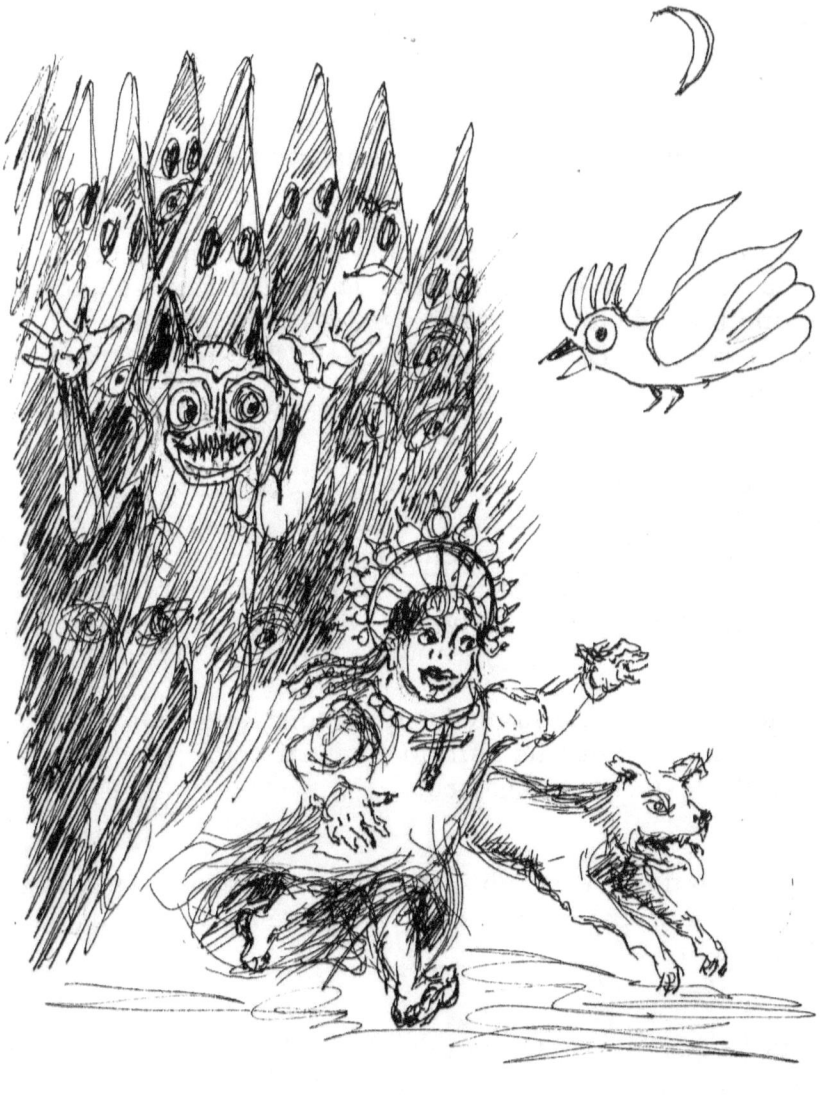

Ante la abundancia de perros en la obra de Quintanilla, se me ocurre preguntarle cuándo pintó el primero.

-El primero de mis perros fue un gato.

En la misma época en que Alberto servía como exorcizador de demonios, su padre inició un pequeño negocio de venta de café. Lo compraba verde, lo tostaba, lo envasaba e incluso lo ofrecía como bebida caliente en su pequeña tienda.

El nombre de la flamante industria lo puso el niño Alberto. Acababa de cumplir siete años cuando pintó un gato negro sobre una tabla de madera. Desde entonces, se creó la industria cafetera "El gato negro". Aquella fue su primera obra pictórica.

Alberto acompañaba a su padre por diversos pueblos y regiones del departamento para vender este producto casero. Fue por entonces cuando comenzó a trabajar. Con yeso y con papel maché, diseñó sus primeros santitos y pastorcitos, y los vendió para el "santuranquikuy" de las fiestas de Navidad.

Creo que es José María Arguedas quien dice que nadie sabe lo que es sufrir hasta que ha sufrido en el Cusco. Le pregunto a Quintanilla si sufrió en el Cusco.

-Quizás, pero no lo recuerdo. Éramos una familia numerosa y pobre. Por eso trabajé desde niño y siempre me sentí obligado a ser muy feliz.

En vista de que Alberto Quintanilla ha trabajado y ha vivido experiencias tan importantes desde la más temprana edad, se me ocurre preguntarle si su maestra Carmelita fue cuando él tenía diez años de edad el primer gran amor de su vida.

-No, no fue ella. El primer gran amor llegó cuando yo tenía cuatro años.

A esa edad de Alberto, su familia vivía en el primer piso de la solariega mansión de los Cassini. Las muchachas de ese apellido era muy bellas y se llamaban, por orden de edad, Emma, Nelly y Amparo.

-Quizás Amparo tendría catorce años. Ya comenzaba a ser una señorita. Para ella, yo era un niño muy pequeño, su encantador bebé. Jugaba conmigo. Me ponía ropa y sombreros chistosos, y yo no dejaba de mirarla. A lo mejor ella se dio cuenta de mis precoces sentimientos cuando yo le cantaba:

"Quítate la capa, sicllay,

Quítate la capa, sicllay,

quiero verte el rostro, sicllay,

quiero verte los ojos, sicllay...

Estás muy cansada, sicllay..."

Y ella me respondía:

" ¡Y a ti qué te importa, zonzollay!,

¡Y a ti qué te importa, zonzollay!

Me hice la promesa de crecer muy rápido y tal vez alcanzarla. Obviamente, aquello no ocurrió. Cuando mis padres decidieron mudarse, sentí el dolor más grande de mi vida. Quise escribirle una carta en la cual le pediría que me esperara. Iba a ser una carta decisiva en su vida y en la mía. Sin embargo no lo llegué a hacer porque para entonces todavía no sabía escribir.

Cuando pasaron los años, en la época del terremoto, salí del Cusco por primera vez para conocer la costa. Me iba yo como ayudante de un camionero llamado Beto Peláez. Atravesamos los Andes por los accidentados caminos que van del Cusco a Huancavelica, y desde allí hasta Pisco.

En la que ahora llaman Vía de los Libertadores, llegamos a una altura desde la cual se podía vislumbrar el mar. El chofer detuvo la marcha y, desde una roca, me invitó a gozar de esa fantástica visión.

Era aquello un espejo inmenso. El mar se diferenciaba del cielo en color y en brillo. Lo miré hasta llenarme los ojos con sus ondas. Por momentos, debido a la distancia, parecía desaparecer.

-No has visto lo mejor.- me dijo Peláez. Añadió que cuando llegáramos a Pisco, tendremos que quitarnos los zapatos y meternos en el agua.

-En ese momento, nos convertiremos en otros.

Sin embargo, no tuve la suerte de obtener esa gracia. Cuando llegábamos al puerto, Peláez detuvo el vehículo para llenarlo de gasolina en un grifo del camino.

-Revisa las llantas.-me ordenó.- Y súbete después a revisar la carga. Hazlo todo rápidamente porque no podemos perder tiempo. Tengo que llegar a Pisco cuanto antes para entregar la mercadería.

Mientras yo revisaba las llantas, un vehículo deportivo se estacionó junto al nuestro. El hombre que lo manejaba salió de él para ordenar que le pusieran gasolina al carro y para comprar algunos lubricantes.

Por una curiosidad, se me ocurrió mirar a la dama que iba con él en el asiento delantero. Era una mujer muy bella. Lo primero que distinguí en ella fueron sus manos largas y cuidadas como las de una pianista. Después, fui subiendo hasta llegar al rostro. Eran los ojos más grandes que había visto yo en mi vida. Eran los ojos de Amparo Cassini.

-¡Amparo!.- dije yo, pero creo que lo dije para adentro. Nadie me escuchó.

Me acerqué al carro para que mi voz la alcanzara.

Ella no me había visto, ni me vio. El hombre horrible que estaba su lado regresó y me hizo un gesto indicándome que me alejara. No le obedecí. Me acerqué más a la ventanilla de Amparo.

En esos momentos, Peláez comenzó a gritar que ya era tiempo de partir y que yo tenía que regresar al camión cuanto antes. Por su parte, el chofer del carro que conducía a Amparo arrancó también. Hizo una bulla innecesaria. Oprimió el embrague y el acelerador para que el tubo de escape hiciera explosión. Se alejaron.

-¿La viste de nuevo?

-Una sola vez más. Fue en el convento de San Francisco de Lima. Había ido yo para presenciar un concierto del padre José Mojica a quien ya conocía desde el Cusco. En vista de que el evento no tenía cuándo comenzar, me había distraído observando algunas pinturas religiosas. De pronto, en la segunda banca, la vi. Estaba siempre muy bella. Vestía toda de negro.

Apagaron las luces. El concierto comenzó y yo tuve que volverme a mi sitio. Cuando el padre Mojica terminó de cantar, me acerqué a la banca donde había estado Amparo. Me parece que solamente encontré su sombra.

En esa época, ya de regreso en Cusco, Alberto ingresaría a la escuela de Bellas Artes. Muchas veces pintaría el rostro de una mujer dueña de una mirada muy lejana. La buscaría durante toda la vida.

-¿La encontraste?

-Es posible.

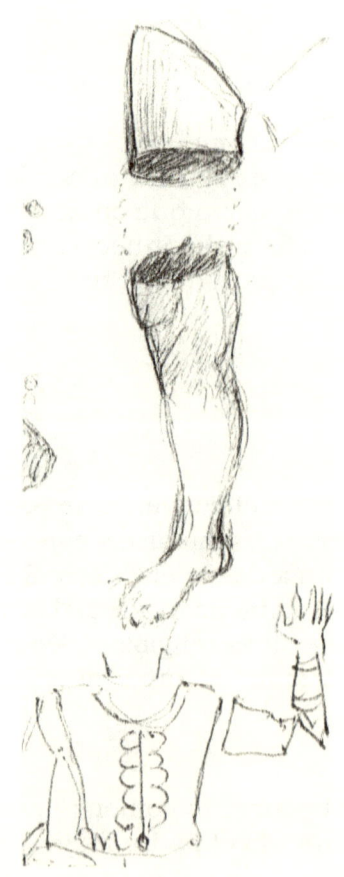

III) ¡Yaulico, Yaulico, vamos a vencer!

Lo primero que asombra cuando se observa un cuadro de Alberto Quintanilla son las danzarinas figuras de demonios, de perros que persiguen a la luna, de brujos voladores, de animales de varios cuerpos o de hombres y diversos seres con rostros dobles. Todos ellos nos hacen sumergir en el mundo de la cosmogonía andina del cual proceden, o nos invitan a volar, entre raudales de luz, por otros mundos y cielos que ni conocíamos ni sospechábamos.

¿Quiénes son ellos? ¿De qué rincón del Cusco misterioso y eterno salieron? ¿En qué momento de la vida los vio el pintor?

¿Quién es el misterioso personaje de "La corbata roja", el famoso cuadro exhibido en Berlín en 1984?... Alberto Quintanilla nos revelará que es el Yaulico. ¿Pero quién es el Yaulico?

Entre los 12 y 14 años de edad, varios destinos competían por convertirse en el futuro del joven Alberto. Eran pocas las profesiones o las actividades excitantes que no hubieran sido ensayadas por el adolescente. Al igual había sido invencible boxeador que guitarrista enamorado, inspirado seminarista que fabricante de muñecos, delirante bailarín que payaso de circo, y además, torero, pintor, escultor y émulo de Yaulico, el famoso bandido cusqueño.

El muchacho se ponía un chullo, se pintaba barbas con un corcho quemado y salía a correr con un fusil de madera. Iba siempre delante de un grupo de sus amigos. Aseguraba que su nombre era Yaulico y que iba a poner en libertad al Apu Wamani

El Yaulico, como lo llamaba el pueblo, fue un bandolero rebelde que vivió y combatió casi cien años antes de que naciera Alberto Quintanilla, pero como él, fue un héroe de los suyos y, para colmo, su tío bisabuelo.

Sublevado contra el poder de los ricos, el Yaulico organizó grupos de campesinos que asaltaban haciendas y robaban ganado para sobrevivir y para ayudar a los pobres. Poco tiempo en su vida conoció la paz. Las montañas fueron su vivienda. Llegaba a los pueblos para arreglar litigios, auxiliar a los pobres e inaugurar las festividades comunales. En todas partes, era recibido como un héroe.

Me habla de él Quintanilla, pero lo hace como siempre con su guitarra:

Yaulico, Yaulico,

Dame la mano. Yaulico, Yaulico,

Dame la mano,

siquiera por las rendijas

de tu presidio...

Apresado por la autoridad y condenado a muerte, Yaulico hubo de convertirse en un personaje sobrenatural cuya ausencia resultaba desastrosa para la humanidad. Sin él corriendo por los campos, sólo la sequía le esperaba a la tierra y la desdicha perseguiría a los cusqueños.

El pensamiento mítico convirtió a Yaulico en un vengador del Wamani, el espíritu de la montaña. Según la leyenda, cuando el imperio fue conquistado por los españoles, los wamanis – espíritus tutelares de los quechuas -se hundieron en las rocas y debajo de la tierra para alentar a sus hijos e incitarlos a la reconquista de los tiempos áureos.

Se cuenta además que el más alto de los Wamanis, fue apresado por los conquistadores y encerrado en una cárcel eterna. La misión del rebelde consistiría por lo tanto en liberarlo.

Un día según esa historia, Yaulico se convirtió en un rayo de sol y escapó por la rendija del presidio. El gobierno mandó un ejército bien armado a combatir contra él. Pero nadie pudo detenerlo porque se presentó frente al comandante de las tropas y lo retó a un duelo de hombre a hombre. En la plaza de Palcaro, acabó con él. Y así el Yaulico se hizo eterno y es, desde entonces, una encarnación del Apu Wamani.

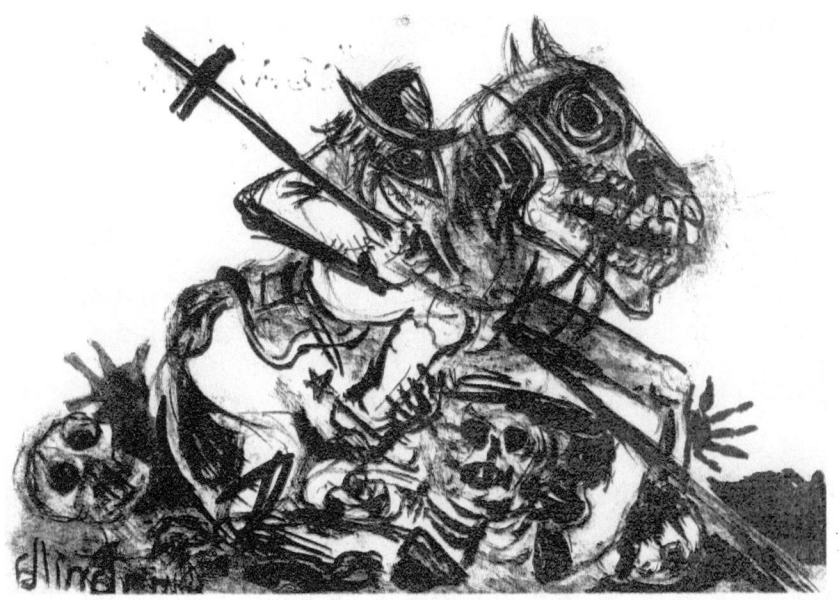

En "La corbata roja", un óleo pintado en París en 1972, puede conocerse el rostro del fabuloso antepasado de Quintanilla. Además en uno y otro de sus cuadros aparecen los ojos, la barba, el sombrero o la capa del valiente Yaulico.

Yaulico, Yaulico,

Dame la mano. Yaulico, Yaulico,

Dame la mano,

siquiera por las rendijas

de tu presidio...

Y si me hablas,

y si me hablas,

por las montañas,

el Wamani correrá por los campos

y en esta tierra otra vez

volverá a nacer la libertad..

Apenas había cumplido los 13 años, cuando Alberto desapareció de su casa. En su disfraz de Yaulico, se había metido entre los bailarines de la fiesta de Corpus, y nadie podía descubrirlo. Durante toda la semana sus padres, hermanos y otros familiares lo buscaron pero no lo hallaron.

Por fin, una cuadrilla de bailarines llegó hasta la casa paterna.

-¿Busca al niño Alberto?.- preguntó a su padre uno de los miembros del grupo.

Ante su respuesta afirmativa, apareció otro diablo trayendo de la mano al joven quien se había metido a bailar en la *"diablada",* y a quien ni siquiera los demonios podían soportar.

-Supongo que se preguntará usted de qué se ríen tanto los diablos en un cuadro de Quintanilla... ¿Se ha fijado usted en esos tres extraños personajes con cuernos que surcan las alturas manejando una bicicleta?

Me lo pregunta José Alirio Lira Vera, quien fuera su amigo de infancia. Espero que él mismo me dé la respuesta.

-Un día- cuenta Lira- Alberto me propuso que escapáramos de nuestras casas y nos fuéramos con la gente del circo. " Yo haré de payaso. Tú serás domador de elefantes y de leones", me dijo...

Añade que estuvo a punto de ser convencido por su amigo, pero que el amor por su familia lo detuvo.

-Yo tan sólo tengo dos hermanos. Alberto, en cambio, tenía catorce. En mi casa, pronto se iban a dar cuenta de mi ausencia.

-¿Y eso le pesa? ¿Qué habría sido de ustedes si se metían de cirqueros?

Alirio sonríe y me cuenta que en la actualidad está retirado de sus ocupaciones de odontólogo y de general asimilado al ejército.

-Tal vez ahora estaría curándoles las muelas a los elefantes.- responde.

Antes de que me lo cuente Quintanilla, su amigo añade:

-Alberto me puso de chapa "ereereere" por la cantidad de eres que hay en mi nombre y apellidos.

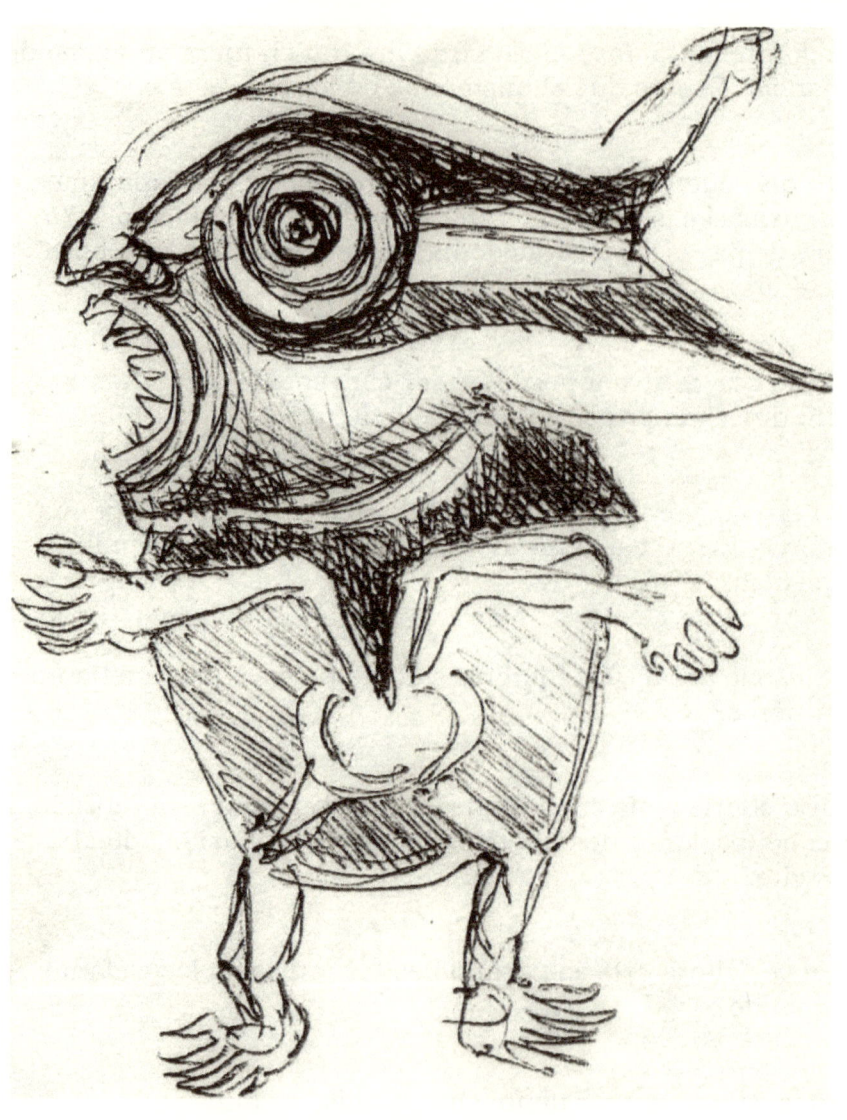

No llegaron a escaparse, pero ni uno ni otro extrañarían la presencia de los animales del circo. Con papeles, corchos, alambres y mechones de cabello robados en la peluquería, el pequeño Alberto diseñó una cantidad de tigres, leones, elefantes... y diablos, siempre diablos, con los cuales como muñecos los niños jugaban al circo.

-No ha mencionado usted a los perros. ¿Me podría explicar usted por qué hay tantos perros en esas pinturas?

Como el amigo Ereereere no me contesta, traslado la pregunta al propio Quintanilla:

-Observa primero los demonios. Después yo te hablaré de los perros.

El único artista que ha llevado al lienzo tantos demonios es, en los finales de la Edad Media, el Bosco. Su mundo es un prodigio de mitos y tradiciones envuelto en un clima de fantasía inagotable.

Alberto Quintanilla ha hecho lo propio en esta otra parte del mundo, pero su cosmogonía es andina. Su obra significa en pintura –lo que Vallejo hizo en poesía- la más plena emancipación de la cultura americana.

En "El jardín de las delicias", la imaginación de El Bosco no tiene límites. Es un océano de seres nacidos en medio de lo más enrevesado del delirio humano. Sin embargo, esos seres no han nacido de la nada: son un producto de la cultura europea de ese tiempo. Habitan en los infiernos evocados por Dante y expresan el mundo de pesadilla y castigos que había sido descrito y predicado por la punitiva iglesia de medioevo.

En el otro lado del mundo y del tiempo, los centenares de lienzos pintados por Alberto Quintanilla representan también seres imposibles. Sin embargo, no han nacido ellos de la concepción escatológica cristiana. Se trata de hombres y superhombres, aves, serpientes, jaguares, perros y *wamanis* prodigiosos que expresan el panteón andino. En las creencias religiosas quechuas, todo es divino porque Dios está realmente en todas partes y porque todos –los hombres y las montañas, los animales y los ríos- somos un dios desbordado y feliz.

La primera sección del tríptico del Bosco, conocida como El paraíso, muestra el Jardín del Edén con Adán y Eva, antes de comer del árbol del conocimiento, en donde ninguno de los dos se esconde de la vista de Dios. En las telas de Quintanilla, todos los seres gozan siempre regocijados y felices de la obra del Creador.

La escenificación del infierno, en el Bosco, muestra los castigos sin fin que esperan a los réprobos. Se trata de una lucha interminable entre Dios y el demonio. En ellos se cumple la inscripción latina "Cave, cave, dominus videt" que significa "ojo, cuidado, Dios está observándote"

En nuestra América, por el contrario, los personajes de Quintanilla guardan equilibrio y mantienen todo el tiempo la armonía. Si hay algo que los unifica es la luz que por todos lados rodea los fabulosos cielos e infiernos andinos. Cada personaje es al igual una presencia en el universo como una historia escondida o una leyenda o una idea revelada por la explosión del color.

Es más, si las representaciones del gran pintor europeo inspiran terror y llaman al ascetismo, los demonios del cusqueño proclaman la felicidad de sobrevivir en un mundo donde Dios está de verdad en todas partes. Sobre todo, en la obra del pintor cusqueño, habita lo divino entre los demonios bailarines y entre los seres que de tan felices se olvidan de obedecer las leyes de la gravedad.

Ese es por cierto un universo que sonríe y en el cual todo tiene alma y sexo. Algunos pintores en tiempos y geografía diferentes han intentado calcar los personajes del Bosco. Quintanilla no lo hace ni lo necesita. Su arte está animado por un dios que se resiste a morir. Se trata del culto de la resistencia, la religión andina, contra la cual nada pudieron jamás la arrolladora conquista española, ni las torturas de la Inquisición, ni los siglos de horror que vinieron después.

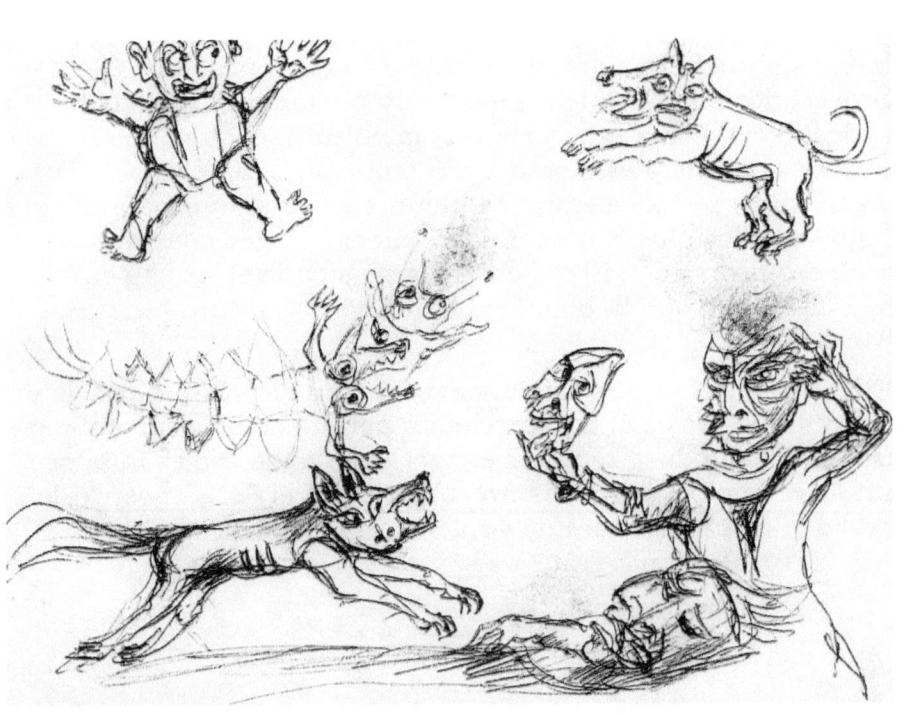

Es normal suponer que, después de casi medio milenio de colonización criminal, el Tawantisuyo había muerto por fin. Los orgullosos ejércitos del emperador no habían podido contener a un pequeño grupo de bandidos en Cajamarca. Las pasmosas obras de ingeniería hidráulica, ideadas por los incas para llevar el agua a los desiertos, habían sido derruídas. La vanguardia joven de la sociedad había sido empujada a trabajar sin descanso, a tuberculizarse y a morir en los socavones oscuros de las minas o en la servidumbre brutal a la que fue condenada.

En sólo cincuenta años, la población del antiguo imperio había sido reducida drásticamente. Los que quedaban, convertidos en sirvientes, soportaron el hambre, la desdicha y el desprecio. Podía esperarse que la cultura, el alma de ese pueblo se hubiera evaporado. Sin embargo, las viejas costumbres prevalecieron, los hombres siguieron esperando el regreso de los dioses vencidos. El imperio de las cuatro regiones prevaleció. El quechua siguió siendo el "runa simi" o sea "la lengua que hablan los hombres". La cultura resistió. Nunca se rindió.

El Cusco y sus dioses tutelares viven para siempre en la tela de Quintanilla. No es él un surrealista porque no necesita serlo en una tierra donde la realidad es tan asombrosa. No es tampoco un abstracto porque no es un cobarde. En el Perú, mostrar la realidad es una manera de sublevarse y sublevar.

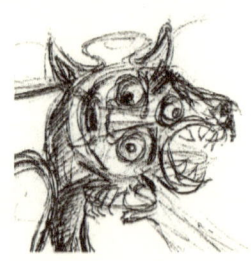

IV) El músico, el poeta y el demonio

Hemos escuchado la expresión "supaypa guagua", hijo del diablo en castellano, para denotar un insulto, y le preguntamos al pintor si esto no contradice su versión de que no existía una potencia infernal en la cultura quechua.

Alberto Quintanilla, quien también es un apasionado lingüista, nos hace ver que "supaypa guagua" es una locución prestada. En verdad, se trata de un quechua subordinado al español, pero no imperante entre las multitudes que hablan el viejo idioma de los seres humanos en Cusco, Huamanga, Huaraz, Quito, La Paz y todo el noroeste argentino, así como las regiones que estas ciudades dirigen.

¡Su país y sus ojos, supay.

Supay su cuerpo.

Supay su cielo.

Supay su boca.

Supay sus piernas.

Supay su pecho.

Supay su trasero.

Supaywarmi!

¡Extraordinarios su país y sus ojos. Extraordinario su cuerpo. Extraordinario su cielo. Extraordinaria su boca. Extraordinarias sus piernas. Extraordinario su pecho. Su trasero, extraordinario. ¡Oh mujer extraordinaria!

Quintanilla ha vuelto a tomar la guitarra para explicarnos el sentido de la palabra supay. Luego de recorrer con la música caudalosos ríos, extraños cielos, multitudes soñadoras, animales que conversan y cantan con los seres humanos, el instrumento de cuerdas proclama:

¡Supayyaña! ¡Supayyaña!

(Todo es extraordinario.)

En el universo de Quintanilla todo es extraordinario. Predominan en él las dunas de cobalto, los perros de color añil, las mujeres que tomaron sus ojos de las estrellas, los animales que pasean en triciclos por la altura, los colores venidos del fondo del cosmos, las guitarras que flotan por las nubes, los caballos que cabalgan perdidos por un centenar de mundos. Todo pertenece al caos primordial y a la creación del hombre andino que, ahora, el pincel y la imaginación de un pintor cusqueño han devuelto a la vida.

Hay otra palabra que también he oído como relativa al demonio y a los castigos católicos. Es *Saqra.*

Por mi parte, la había escuchado siempre como símbolo de arrepentimiento y autoflagelación, o también como una manera de ayudar a la divinidad a sufrir por los pecadores.

¡Saqra! oí decir en la iglesia de Huanta, Ayacucho, que yo visitaba un viernes anterior a la Semana Santa. No me imaginé que aquél era el denominado Viernes de los Dolores y que era preciso ayudar a la Virgen a soportar el tremendo dolor espiritual que le aguardaba.

¿Y cómo ayudarla?...

Mientras los fieles orábamos, el sacristán cerró las puertas para impedir que cualquiera de los fieles pudiera abandonar el templo.

Había yo escuchado una homilía en la cual las palabras en castellano eran superadas por aquellas pronunciadas en quechua. De pronto, el orador religioso bajó de su estrado y se dirigió a una de las primeras bancas. Para mi mala suerte, era justamente la que yo ocupaba.

Ante mi asombro, se subió las mangas de la sotana, apuntó con sus puños hacia mi nariz... y dio en el blanco.

¡Saqra!: gritó a manera de explicación o acaso de jubilosa victoria. Mientras yo trataba de contener la efusión de sangre que salía de mi nariz, pude observar que, luego del ejemplo dado por el sacerdote, los feligreses se trenzaban a puños y a patadas los unos contra otros. No pude entender lo que estaba pasando.

Una hora después, averiado por ese culto religioso tan particular, salí de la iglesia acompañado por una bella maestra huamanguina quien me explicaba que los golpes del sacerdote y aquellos otros que se habían propinado entre los fieles eran una manera de acompañar a la divinidad en el sufrimiento por los terribles días de la Semana Santa.

En otras ciudades del departamento de Ayacucho, vi desfilar personajes llorosos que sólo podían salir de su casa después de que la procesión religiosa había pasado.

Me contaron que aquellas personas eran saqra y que lloraban porque no se les permitía ver a la Virgen.

Quintanilla me explicó una vez más que aquella es también una palabra corrompida por la proximidad del castellano y la imposición de las costumbres católicas.

"Saqra" significa estar satisfecho-me dijo.-Es más, estarlo en una forma pantagruélica.

De ahí provienen, según añadió, los términos nacidos de la misma raíz como el que da nombre de la fabulosa fortaleza de *Saqsayhuamán* cuyo nombre significa "satisfácete, oh águila."

Otra vez me contesta Alberto rasgando la guitarra. La afina de una manera muy particular para pronunciar la palabra "Saqra".

"Saqra" repite varias veces mientras su memoria busca la canción más adecuada, y encuentra el primer verso:

Sonqosnimi saqraytiashan
(En mi corazón está naciendo un demonio.)

Luego la guitarra da la orden:

¡Jawamoy!
(¡Mírame!)

Sonqosnimi saqraytiashan
¡Jawamoy!

Me doy cuenta que Alberto está improvisando:

Sichus mana k'ahuahuanquichu sayray lloqsinca
sonkoymanta...
Si no me miras, el demonio saldrá de mi corazón.

También él fue un saqra. Por rebelde, por supay y por saqra, su madre pensó que sería bueno hacerlo entrar en un convento cuando apenas tenía siete años de edad. Lo vistieron con ropa blanca, le pusieron escapulario, le consiguieron un padrino y entró en la Tercera Orden del Señor de la Sentencia. Sus obligaciones consistían en ayudar en la misa y acompañar al sacerdote cuando éste iba a ofrecer los últimos auxilios a los moribundos.

Se pasó dos años en esas tareas. Ese tiempo le sirvió para aprenderse de memoria los cantos religiosos y la misa en latín. Tal vez pensó que tenía una vocación mística, pero le fastidió que sus compañeros le hicieran bromas por la ropa blanca y que al llegar a la escuela dijeran de él "allí viene el padrecito".

Por fin, un día, por hacer travesuras durante la misa derramó el incensario. Los sacerdotes decidieron que tal vez el niño no era todavía hábil para la vida monástica. Lo dejarían regresar a casa.

Desde aquella época, Alberto comenzó a fabricar imágenes religiosas con yeso e incluso con papel maché.

El recuerdo lo impulsaría además a sentir que su obra no estaría completa hasta que no pintara una Última Cena. Varios lienzos con este tema de obsesión han salido después de su taller. En un boceto, los apóstoles comen cuy asado mientras en la mesa se advierten copas de pisco y hojas de coca. Una de sus más logradas obras sobre la última reunión de Cristo se exhibe desde hace décadas en el museo de Dinamarca.

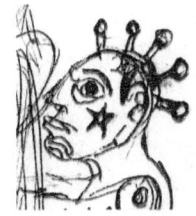

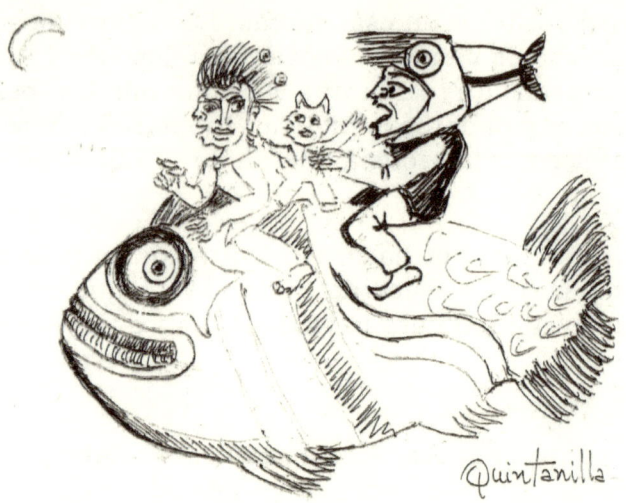

Las fiestas religiosas alcanzan en los Andes un fervor que no se observa ya en ningún otro lado del mundo. Ello se debe al hecho de que, a través de los íconos católicos, se expresan las antiguas y prohibidas creencias de la derrotada cultura andina. Además de eso, las fechas de la fiesta católica coinciden con las tradicionales del campo toda vez que en uno y otro lado del mundo las festividades se establecieron de acuerdo con los ritos agrícolas de la siembra y la cosecha.

Como la más importante actividad del imperio, la agricultura demandaba una planificación centralizada que permitiera el descanso sabático y alternado de los terrenos y de las comunidades al igual que la concentración y posterior distribución equitativa de los bienes y frutos de la tierra.

Ello obligaba a un cronograma anual que debía cumplirse a lo largo y ancho del imperio y estaba relacionado con los ciclos del sol y de la luna. El movimiento de los astros- particularmente, la estrella Sirio- completaba y hacía perfecto el calendario de los incas.

Más aún, éste tenía que ser al mismo tiempo el cómputo de los días de trabajo y la alternancia de los descansos de la tierra y de los hombres. Por ello, debía tener un carácter al mismo tiempo agrícola que religioso.

Esta es la razón por la cual, como todas las otras fiestas, el *Corpus Christi* católico coincide con la celebración del *Inti Raymi*. La fecha en este caso es la de una transición entre solsticios y equinoccios.

Sin embargo, la mayor diferencia entre las dos culturas religiosas se advierte de pronto en el hecho de que el universo bajo las concepciones andinas tiene sexo. Por su parte, las fiestas católicas al combinarse con las nativas de una manera sincrética, asumen los mismos principios.

Todo ello explica el carácter "licencioso" de las obras del cusqueño Quintanilla en las que los santos actúan de acuerdo con el sexo al que pertenecen.

-En la procesión del Corpus, los santos venían desde muy lejos, desde un extremo y otro de los valles del departamento.- cuenta Alberto y continúa:

-Los llevaban cargando durante días o semanas. Por lo tanto, no sólo los hombres se cansaban. También las estatuas llegaban agotadas a la ciudad sagrada.

Añade que:

-San Sebastián, por ejemplo, desafiaba en la carrera a San Jerónimo para llegar pronto a su parroquia desde la lejana comunidad de donde procedía. La razón no era tan solo por deportiva competencia. Según la gente, el santo de las flechas pretendía llegar primero a la iglesia para dormir con Santa Clara.

-¿Y qué decía la gente?

-La gente sospechaba que San Sebastián estaba haciendo de las suyas a templo cerrado. ¡Pobrecito!-decían... Viene desde tan lejos, y se ha pasado un año sin tener relaciones sexuales.

-¿Y los sacerdotes?

-Según los fieles, los sacerdotes sabían lo que estaba ocurriendo en la iglesia pero no querían contárselo a nadie.

-¿Los santos hacían trampa?

-Tanto como trampa, no. A veces, por tanto correr y detenerse

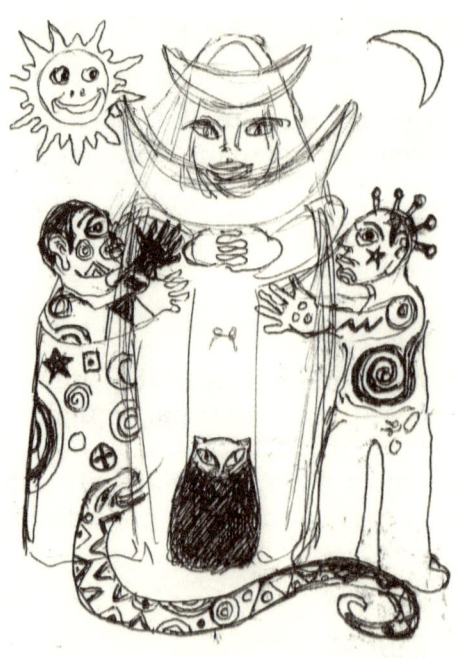

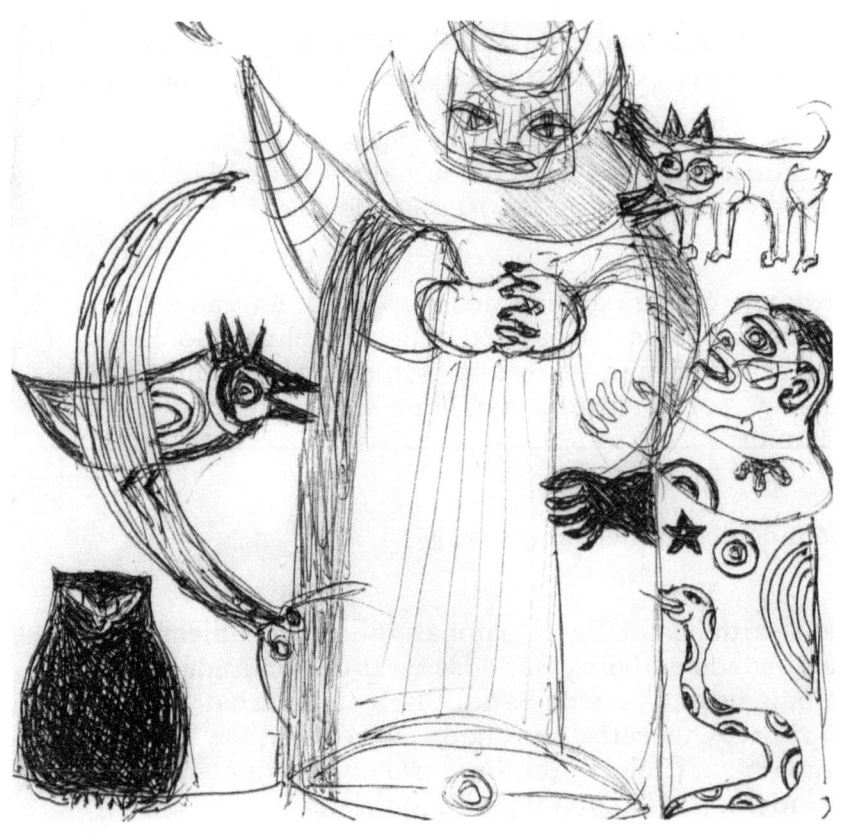

en algunos pueblos del camino, San Sebastián y San Jerónimo perdían el tiempo. Entonces el patrón Santiago avanzaba a toda prisa, les sacaba la vuelta y llegaba primero al templo del Cusco donde había una amante celestial esperándolo.

-Cuando eras niño, ¿te contaban lo que estaban haciendo los santos?

-Todo el mundo lo sabía. Bastaba con escuchar las campanas. La del templo de Santa Ana daba un tañido que parecía el de un reclamo femenino. ¡Ma...!, nos parecía oír,! Maaaaa!... Por su parte, el campanario de San Cristóbal se agitaba clamando ¡dim, dim, dim!...Algunos creían entender: ¡vino, vino, vino!

-Te pregunto si tenías conocimiento de la necesidad sexual cuando no cumplías aún los 10 años de edad.

-El sexo y la cultura andina no es un tabú. Es una celebración natural y gozosa de nuestra existencia en el mundo. Los santos son, en realidad, una representación de nuestras antiguas deidades y, por lo tanto, al igual que ellas, compiten y rivalizan por el amor.

-¿Qué más decían las campanas?

-Ante la tardanza de San Cristóbal, quien probablemente se había quedado emborrachándose en una comunidad del camino, las campanas de Santa Clara se lanzaban al viento para gritar: ¿Qué estás haciendo? ¿Con quién me estás engañando? ... ¡Déjala pronto!.... ¡No olvides que aquí estoy esperando!... ¡Talán, talán! ¡Talán, talán!...

-¿Y los fieles?

-Se dividían en grupos de partidarios de los santos competidores. Cada barrio tenía sus propios violinistas quienes con su música los animaban:

Matalla mayucha
Sebastián taitachata
Chimpachiy mayuta
Mana huarmiyucuchi
Huarmitan masca musian...

Río de Matalla
Déjalo pasar.
A San Sebastiáncito
que cansado está.

Río de Matalla
Déjalo pasar.
Ofrécele tu puente,
no lo detengas ya...

San Sebastiáncito
tiene que llegar
Bien aguantadito
el pobre debe estar.

Matalla mayucha
Sebastián taitachata
Chimpachiy mayuta
Mana huarmiyucuchi
Huarmitan masca musian...

-Todo eso suena a caos y al desenfreno. ¿No había nadie que pusiera orden?

-¡Claro que sí!... A media noche, se escuchaban las campanadas de la María Angola, desde la catedral, dando su visto bueno por todo lo que había ocurrido, pero haciendo notar que la fiesta había terminado. ¡Don don! ¡Don dooon!... ¡don!

-¿Y le obedecían?

-Algunos no. Entonces, la María Angola cambiaba el tono de sus campanadas y ordenaba:

Chin chin conchinchin

Con

Chin chin

Amy chiquicuna

Hatum plazama

Chin chin conchinchin

vengan todos a la plaza

para vernos todos.

Vengan todos. Vengan todos.

Quiero verlos a todos en la plaza.

Chin chin conchinchin.

-En ese momento, supongo que todas las otras campanas enmudecían.

-Supones mal. La de Santa Clara continuaba su canto, pero lo hacía con una voz muy suave.

-¿Qué decía?
-No sé. Pero la gente decía que la campana de Santa Clara tenía voz de cama.

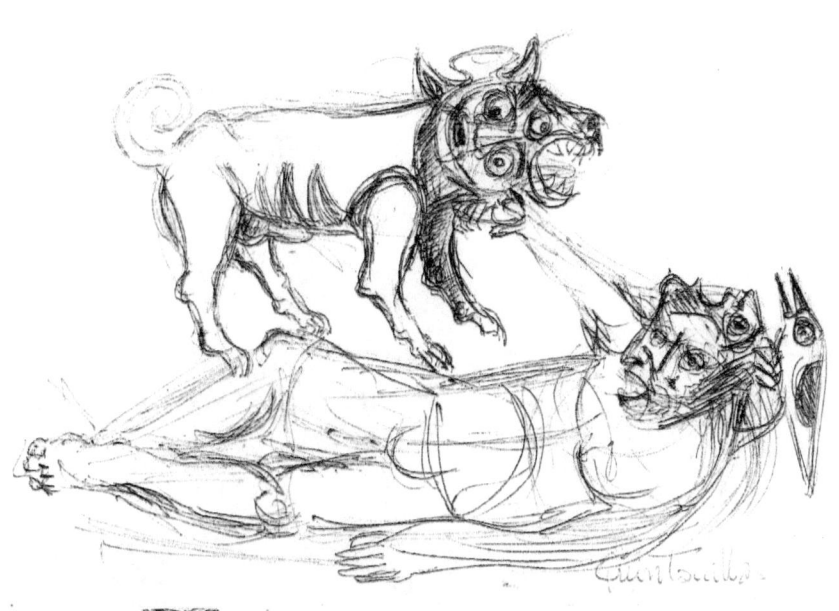

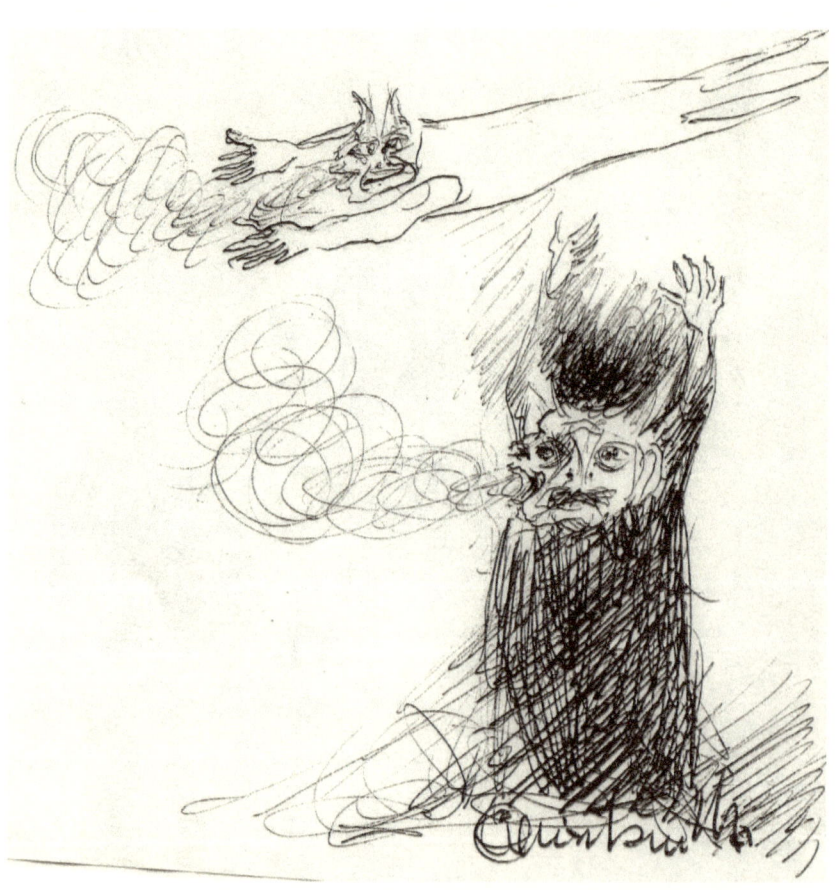

V) Cusco tiembla

Le pregunto cuál ha sido su día más terrible, y Alberto no piensa ni un instante para responder que fue el domingo 21 mayo de 1950, fecha del terremoto del Cusco.

-Fue solamente un día, o tal vez unas horas, pero lo sigo viendo y sintiendo, y sé que lo sentiré y veré durante toda mi vida.

Ha hecho docenas de bocetos y ha pintado diversos lienzos sobre aquella catástrofe, pero no cree haberla retratado todavía. Sin embargo, los rostros de miedo así como el color de esta tarde de espanto se repiten en muchos de sus cuadros. A veces, incluso, ha escrito poesía como una manera de evocar lo que para él es un dolor persistente.

-¿Qué hacías ese día?

-Me había escondido sobre el techo de mi casa. Estaba enojado con mis padres y peleado con mi hermana mayor. Además quería estar solo.

No era un domingo cualquiera. Esa tarde se jugaba en el estadio local un partido entre el equipo ídolo de los cusqueños, el Cienciano y el Sport Boys del Callao.

Muchos habían adelantado la hora del almuerzo y otros ni siquiera habían probado bocado para ir a presenciar el gran encuentro. Nadie quería perderse el espectáculo.

El padre de Alberto comenzó a llamarlo para ir con él al estadio, pero el joven fingía no escucharlo. Sus hermanos salieron a buscarlo por las calles cercanas, pero no lo encontraron. Por fin, ante tanta insistencia, se deslizó por un

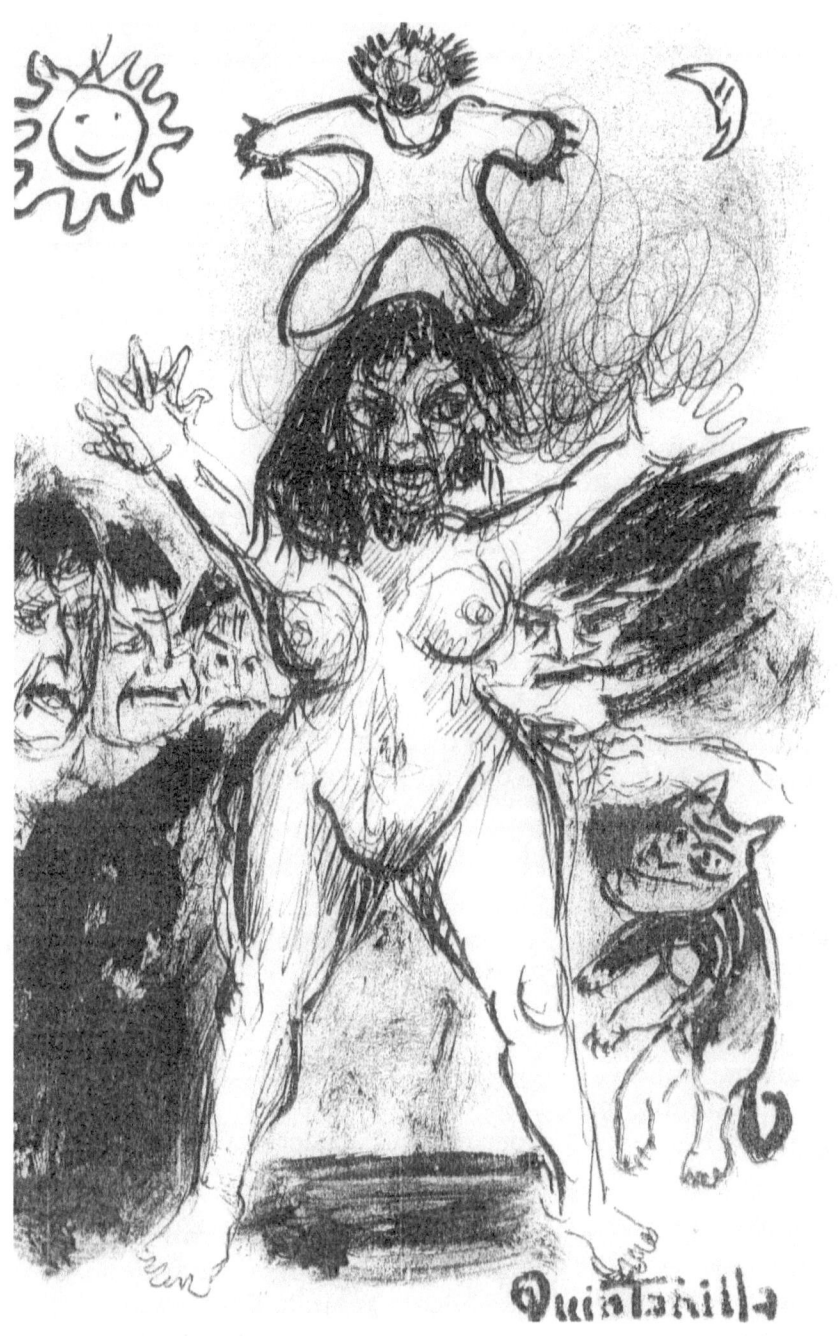

tejado, se unió a sus familiares y comenzó caminar con ellos. Eso le salvaría la vida.

Cuando estaba a punto de ser la una de la tarde, una compacta muchedumbre llenaba las calles en su camino hacia el estadio para presenciar el partido. Quizás su entusiasmo los salvó.

Las casas estaban vacías. Por eso no hubo más víctimas.

Primero se escuchó un bramido que parecía venir de algún lugar muy distante y comenzó a resonar en las montañas que rodean la ciudad. La tierra se comenzó a mover cuando la mayoría de los cusqueños no había llegado al campo de deportes.

Lo que ocurrió después fue una pesadilla sin fin. El primer movimiento sísmico fue vertical; el que un minuto después le sucedió mecía horizontalmente a la ciudad sagrada como si fuera una cuna. La sensación completa fue que la tierra daba vueltas a toda prisa porque había comenzado el fin de los tiempos.

Luego las grandes construcciones comenzaron a caer. El sismo parecía empeñado en borrarlas. En tierra, durante el primer movimiento, quedaron el convento de Santo Domingo, la Compañía de Jesús, la Universidad San Antonio Abad, el Convento de Santa Catalina y las iglesias de Belén y San Sebastián. Los barrios más afectados fueron los de Santiago y Belén.

Había muertos y heridos por todas partes. Los movimientos sísmicos se repetían cada hora. La multitud enloquecida, huía azorada en todas direcciones, en medio de una confusión indescriptible.

Alberto cuenta que:

-Mi familia se refugió en la plaza de armas por temor de que la casa se cayera. Por mi parte, me uní a los voluntarios que buscaban personas a quienes rescatar. Bajo las paredes, había centenares de muertos. Por todas partes, de las casas caídas salían gritos desesperados. Tropecé con un hombre que tenía el brazo mutilado, y que rogaba que lo mataran.

Algunos heridos habían salido de las paredes caídas y se habían tendido sobre la pista de la Avenida del Sol para esperar allí la muerte. Mientras yo corría, sentí que pisaba la gelatina resbalosa de las vísceras humanas. En la oscuridad, me pareció ver hombres y mujeres mutilados, o acaso sus sombras, que venían hacia mí y luego desaparecían.

Más tarde, Alberto ayudó a una vecina a buscar a sus hijos que habían sido dados por desaparecidos. En el hospital Lorena, no les pudieron dar razón. Tanto eran los heridos y los difuntos que nadie guardaba un cuaderno con sus nombres.

En ese nosocomio, se le ocurrió bajar a la morgue. Allí felizmente alguien había tenido la idea de poner sobre los cuerpos desnudos el nombre de cada uno escrito en un rústico papel de despacho. Los fue alumbrando con una linterna en la cara de cada uno. Por fin los encontró.

-Más difícil fue para mí hablar con la vecina y contarle lo que había pasado.

Ya era de noche y la ciudad estaba colmada de velitas encendidas. Algunos velaban a sus muertos. Otros supervivientes conversaban y se miraban con fijeza los unos a los otros para constatar si realmente estaban hablando con una persona viva.

Un poco más tarde, se inició la procesión. El Señor de los Temblores comenzó a avanzar silencioso por las calles. Lo cargaban unos hombres tan pálidos y asustados que parecían salidos del panteón.

Ellos habían entrado en la iglesia desierta y le habían pedido al mismo Señor que, por favor, los acompañara por las calles. En vista de que no había sacerdotes ni músicos, parecía una mustia procesión de fantasmas.

Un hombre que había visto morir a toda su familia subió a la torre de la catedral. Muchos pensaron que se iba a lanzar desde allí, pero todo lo que hizo fue tocar las campanas para que todos pudieran participar de la procesión.

-Quizás otros subieron a ayudarlo. No lo sé. Lo cierto es que toda la tarde y toda la noche pasaron, y las campanas seguían dando dobles.

Primero, los dolientes, con la imagen religiosa adelante, dieron vueltas y más vueltas por la plaza de armas. Después comenzaron a subir por las calles que avanzan hacia Sacsayhuamán. Allí, en la altura, le suplicaron al Señor que no estuviera tan enojado con ellos. Posaron el anda y la estatua sobre una colina y le pidieron que mirara el Cusco.

Un tipo que hacía imágenes religiosas, y que por eso se sentía muy familiarizado con los santos, se dirigió al Señor de los Temblores y le increpó:

¡Ay, negrito!... No sabes lo que está pasando. Nos has botado de nuestras casas. Mira como ha quedado tu pueblo... ¿Dónde estabas tú cuando comenzó a ocurrir esto? ¡Dinos dónde estabas!

Después se dio cuenta de que estaba siendo demasiado atrevido y le rogó:

¡Aplaca tu ira, Señor!

Un sacerdote pequeñito que se había incorporado a la procesión y un grupo de beatas respondían a coro:

¡Aplaca tu ira, Señor!

¡Aplaca tu ira, Señor!

¡Aplaca tu ira, Señor!

Un violinista levantó su instrumento frente al creador del mundo y comenzó a cantar:

¡Ay Taytay, ama cachuncho
temblor,
uyari huahuayquicunata!",
¡Ay Taytay, ama cachuncho
Temblor...!
Ama temblortaq...

-De pronto reconocí a la señora Salomé. Había llevado unos ponchos para tenderlos junto a los de mi familia. Apenas vio a mi madre, comenzó a contarle cuál había sido la reacción de las gallinas frente al temblor. Según ella, se habían juntado todas muy calladitas, y parecían rezar.

Después se quedó callada un instante, calculó con los dedos y, con los ojos puestos en el cielo, aseguró que el primer temblor había durado el equivalente de tres credos.

Los temblores se sucedían periódicamente, de hora en hora. Los montes bramaban y producían en coro una voz aterradora.

En la plaza, todos se disponían a dormir, pero no había quien comenzara a hacerlo. Se comentaba que, exactamente tres siglos atrás, en 1650, un terremoto había barrido el Cusco. Se recordaban algunas predicciones atribuidas a Santa Rosa. Según ellas, las grandes ciudades peruanas iban a desaparecer debido a un movimiento sísmico. En la plaza de armas de Lima anclarían los barcos.

El lunes llegó con más temblores. Decenas de sacerdotes recorrían las calles ofreciendo confesión y dando los últimos sacramentos. Muchos que habían sido enemigos se ponían de rodillas y perdían perdón a su prójimo. Los presbíteros aprovecharon para casar a decenas de hombres y mujeres que, según afirmaban, habían estado viviendo en el pecado.

Durante una semana, los Quintanilla durmieron en la plaza. Habían improvisado varias tiendas de campaña que podían albergar a toda la familia. Cerca de ellos, se había refugiado también un ciego con su perro. Era un hombre muy querido por el padre de Alberto.

El ciego se llamaba Baltasar, y mucha gente le atribuía poderes sobrenaturales. Se creía por ejemplo que hablaba con los difuntos.

-La verdad es que más bien hablaba con su perro. Los vi discutiendo en quechua muchas veces. Las más de las veces, le contaba chistes, y el perro no cesaba de reír. Como el viejo Baltazar me había tomado mucho cariño, me confió que su muerte estaba próxima. "No me quedan sino siete meses, hijito. Cuando me muera, quiero que te quedes con mi perro." Al perro, que se llamaba Mateo, le dijo lo mismo.

Añade Alberto:

-Le dije que no se preocupara, que él parecía muy sano pero que, por supuesto, si llegaba a morir me haría cargo de su perro.

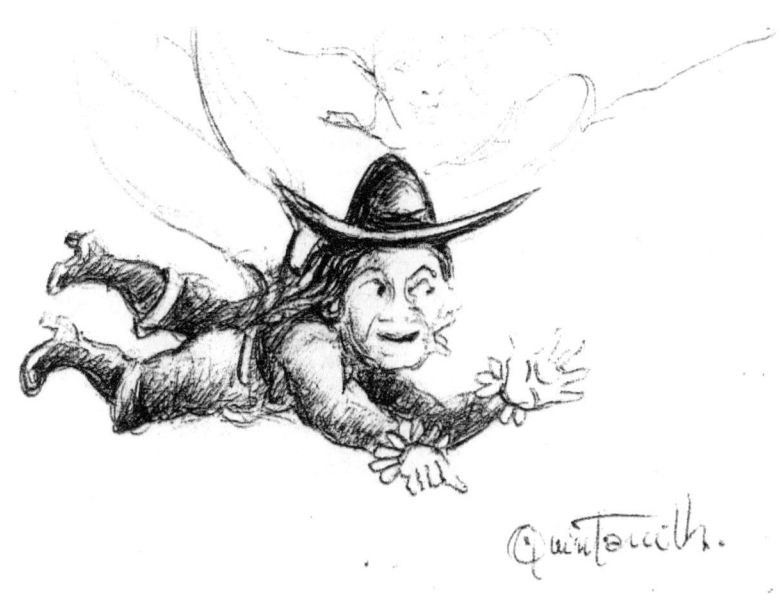

-No será por mucho tiempo, Albertito. Tú partirás dentro de un año. Te irás primero a Lima. Después viajarás mucho más lejos. Seguro que vas a dejar a este perro en la casa de tus padres. No importa... él va a estar contigo toda la vida. Lo vas a recordar y él te va a recordar también. Aunque te encuentres en países lejanos, ustedes se podrán ver. Él, sobre todo, te podrá ver. No te olvides de que ha sido los ojos de un ciego.

En efecto, el animal que más se repite en los dibujos, grabados, óleos y esculturas de Alberto Quintanilla es el perro.

En 1964, presentó en París un grabado con ese nombre-"El perro". Los críticos lo aplaudieron, pero quedaron asombrados de las características que mostraba. El animal estaba representado con una cara de hombre y hablaba con un personaje que tenía dos caras.

Le pregunto si ese grabado y las centenares de representaciones caninas provienen del perro cusqueño, y Alberto no lo sabe.

-No puedo saberlo con exactitud. He dado muchas respuestas porque he recibido muchas preguntas.

Se queda pensando.

- Mucha gente me ha preguntado si los personajes con dos caras representan a los hipócritas. De eso sí te puedo decir que no es cierto. Creo que las personas siempre hablan así. Una cara de ellos es la que se ve. La otra, el alma, es más difícil de descubrir. Habría que ser un perrito como Mateo, un perro de ciegos, para saberlo.

-Pero esos son los hipócritas, ¿no?

-No. Todos tenemos dos rostros. Hasta los santos...

La tierra tembló durante varias semanas. El ciego y Alberto conversaron mucho.

Don Baltazar le aseguró que los *Apus* nunca permitirían la destrucción de Cusco.

-Míralos, Alberto.-me dijo mostrándome las montañas que rodean nuestra ciudad.- Ellos han estado aquí desde comienzo de los tiempos. *Apu* significa protector, jefe supremo, gran señor. Fueron ellos quienes abrieron el camino de los *lares, los poqes, los wallas, los antasayas, los sawasiras* que poblaron estas tierras desde hace miles de años. Ellos, por fin, son los que invitaron a los hermanos *Ayar* a fundar la dinastía de nuestros reyes incas.

Le pido que me dé los nombres de los Apus, y Alberto acepta:

-Los Apus mayores son dos: el *Ausangate* y el S*alkantay*, situados el uno al este y el otro al oeste de la ciudad. Nada se mueve en el Cusco sin que ellos lo permitan. Los otros Apus son el *Picol*, el *Pachatusan* y el *Huanacauri*. Para que comprenda su importancia, *Pachatusan* significa el que sostiene la tierra, y *Huanacauri* es el lugar donde se hundió la barreta de oro de Manco Cápac, y ese hecho le indicó que allí debía fundar una ciudad eterna.

Le pregunto a Alberto si se considera hijo de los Apus, como muchas personas lo han llamado.

-Todos lo somos. Los cusqueños somos hijos de nuestros Apus. Cuando tenemos conciencia de eso, ellos están dentro de nosotros y nunca nos abandonan.

Quiero saber si alguna de sus pinturas retrata a los grandes padres del Cusco, y me dice que todas lo hacen, pero señala que seguirá trabajando hasta considerar que una de sus obras es digna de ellos.

Abro al descuido uno de los cuadernos de bocetos y descubro que, detrás de los perros y los hombres, el color expresa siempre unos seres monumentales. Una uve invertida se forma en los cielos con el diseño de alguna montaña.

-Fueron días terribles. Ominosos. Pero este vidente ciego me enseñó que siempre estaríamos protegidos por nuestros padres del cielo. Todas las veces en que llego al Cusco, toco las piedras de sus paredes y les prometo que siempre van a estar conmigo y que yo también un día me voy a convertir en una piedra.

Uno de los bocetos representa a una multitud en la que los más brillantes son los ojos asustados. Más allá, se ven las posibles torres caídas de una iglesia. En la página siguiente del cuaderno, me encuentro con unas frases que ha escrito Alberto Quintanilla sobre el terremoto del Cusco:

Esos días
nadie se daba cuenta
de que yo estaba atravesando el muro,
la piedra, el alma.

Sentía algunas brisas
sobre mis ojos.
Lagrimeaba todo el tiempo, pero no lo sabía.

Alguien me dijo
¿lloraste? ¿Por qué lloraste?

No sabía qué responder,
había visto lo imposible

y preferí callar.

Es difícil explicar cómo volví
del otro lado del muro,
pero yo estuve dentro de él,
y yo sentí como temblaba el alma del Cusco.

Adentro.
Yo estuve adentro de la piedra.
Los padres Apus me enseñaron
como se había creado el Cusco,
cómo nació y emergió la ciudad sagrada
desde el fondo de los tiempos.

Me contaron
que antes de antes
todo era silencio.
Los animales eran silenciosos.
Estaban silenciosos y asombrados
contemplando la creación del Cusco.

Después llegaron las espadas, la pólvora,
los caballos,
las bestias.
Con ellos vinieron los animales bullangueros
las cabras, las vacas, los caballos
y los perros.
Lo vi todo.
Todo lo escuché, hasta el silencio.

Podría haberme quedado

dentro de la piedra,
me gustaba estar allí escuchando,
aguaitando,
jugando a ser solamente
un espíritu.

Pero la piedra
y los padres
no aceptaron.
Tienes que volver, me dijeron.
Algún día volverás a ser piedra,
pero no hoy día, no es tu día.

Nadie me vio
cuando yo salía de la piedra.
Silbaba el viento entre los ichus.
Un perro iba delante de mí,
Proclamaba muy contento
Que yo había vuelto,
pero nadie me vio
en esos días del terremoto.
Nadie me vio.

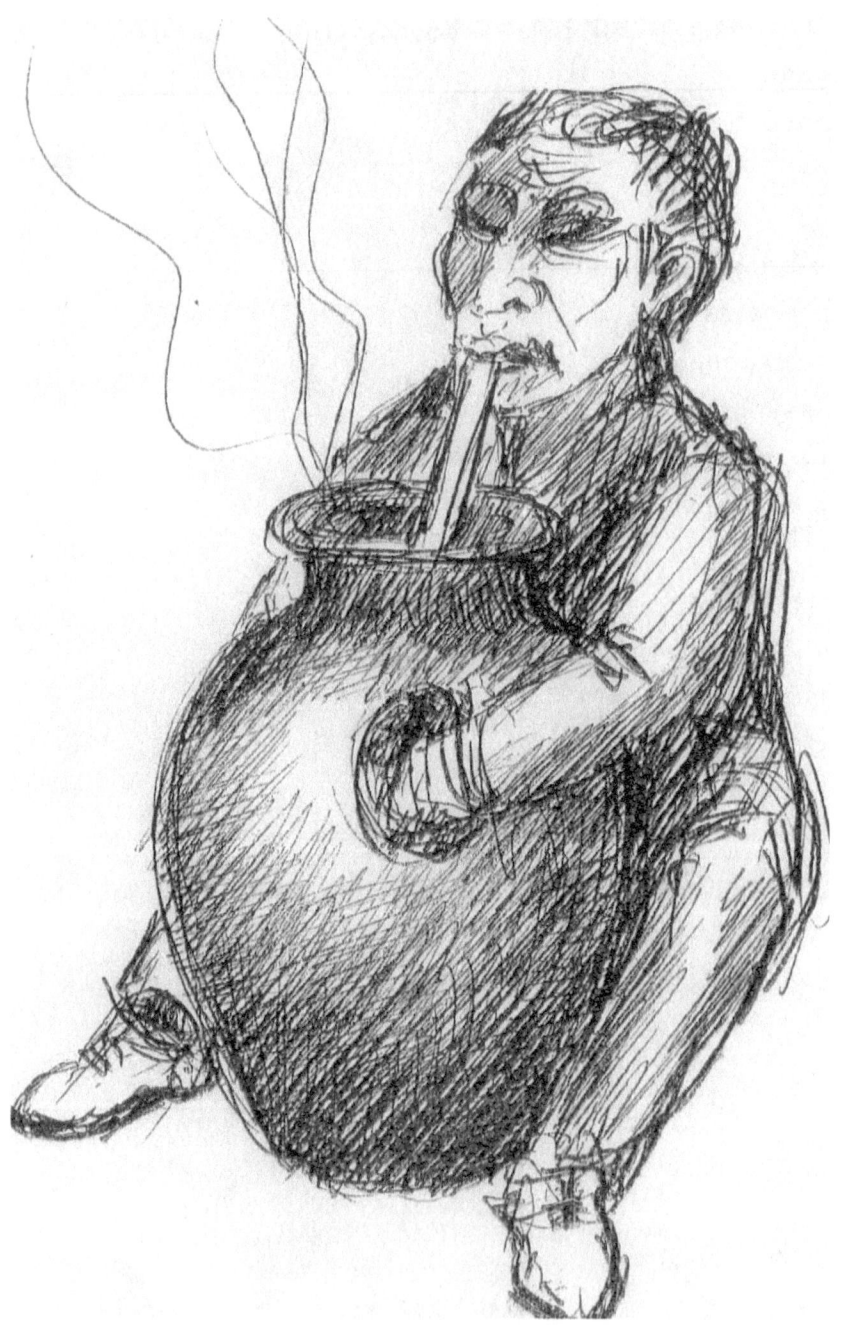

VI) El perro, la luna y los ángeles

Jean Marie Drot, periodista y cineasta francés nos había invitado-a Quintanilla y a mí- a cenar en el tradicional restaurante Procope de París. Cuando llegué, 10 minutos antes de la hora, me encontré con nuestro anfitrión quien tenía un rostro consternado.

Mientras esperábamos al pintor, me confió el motivo de su preocupación. Al invitarlo por teléfono, le había contado la fascinación que ejercían sobre él los perros con dos rostros que en la obra de Quintanilla son un motivo persistente.

-Tenemos una serie de fotografías de sus cuadros con esa característica, y quisiéramos hacerle un reportaje acerca del significado que tienen los perros en usted y en la cultura andina.

-Si le interesa tanto mi perro, con mucho gusto lo llevaré al restaurante.

A Jean Marie lo inquietaba la posibilidad de que el pintor cumpliera con su palabra. Lo asustaban las excentricidades que habitualmente se achacan a los artistas. Además, no sabía si en ese caso la gente del restaurante aceptaría la presencia del canino.

-No se preocupe tanto- le dije.- El maestro es muy considerado. Le aseguro que no traerá a su perro de dos cabezas.

-¡Cómo!

No pudimos continuar la conversación porque en esos momentos hacía entrada en el restaurante nuestro famoso amigo. Para tranquilidad del amigo francés, venía solo. Por mi parte, tenía muchas ganas de ejercitar en un restaurante parisino el poco quechua que he aprendido.

-¿*Maypin Allkoyqui?*- le pregunté.

Ello significa "¿*dónde está tu perro*?". El artista levantó la mano derecha y se la puso sobre el corazón:

-*Kaypi. Sonqoypi*
-Está aquí. En mi corazón.- me respondió.

En su corazón, no solo esconde a sus animalitos domésticos. Guarda un mundo completo de todo lo que dejó en su natal Cusco. Para él, más que para cualquier otro artista, olvidar significaría morir.

Además de los perros que se criaron junto a él en la casa paterna, Alberto tiene un motivo especial para amar al mejor amigo del hombre. En 1959, cuando todavía era un muy joven artista peruano y estudiaba en la Escuela de Bellas Artes de Lima, obtuvo un premio que lo reconocía como el mejor pintor de su generación y que concretamente le otorgaba una beca para continuar sus estudios de Bellas Artes en París. Aquello le habría de significar el reconocimiento internacional.

La obra con la que obtuvo ese premio se llamaba "El perro enamorado de la luna". Entre decenas de cuadros de gran formato, el jurado estimó que el más pequeño, un lienzo de apenas 50 por 25 centímetros merecía por su simplicidad y por sus poderosas evocaciones el trascendente galardón. El lienzo estaba firmado por Quintanilla.

"El perro enamorado de la luna"- su primera obra famosa- está inspirado por una leyenda que se cuenta de un lado al otro en los Andes del Perú y que está considerada como uno de los más reveladores mitos en la cosmogonía milenaria de esta parte del mundo.

Según ella, de tanto verla en el cielo, un perro se sintió prendado del nocturno cuerpo sideral. Absorto frente a su amada, le compuso mil huaynos en los que le declaraba sus apasionados sentimientos.

Killachaykilla sinchita munacuyqui
Canmanmi ripuytan murasiani

Luna, te quiero, luna, lunita,
Llévame allá contigo. Llévame.

Chay anacpatachayqui canhuammi
Llantukipi tiaytan munayman
Tukuy-tukuypaq

Allá, en el mundo de arriba,
Contigo,
En tus sombras,
En tu parte de sombra,
Vivir quisiera
Para siempre, siempre, siempre.

Duerme conmigo, lunita
no haremos el amor, él nos hará.
El nos creará de nuevo...

Siempre has sido mi espejo, lunita.
Mi espejo del cielo, lunita.
Para verme
Tenía que levantar los ojos al cielo.

Para verte y para verme
tenía que mirarte,
lunita...

Un día, o mejor dicho una noche, la luna bajó en busca del perro, y se lo llevó a los cielos. No se sabe mucho acerca de la travesía que siguieron. Solamente se cuenta que subieron por el camino de la estrella *Illapa* y que por fin arribaron a *Chaska*.

Mientras tanto, el mundo se sumió en la oscuridad. No se sabía nada de ellos. La gente se sentía abandonada por la luna.

Nueve meses más tarde sin embargo, la pareja celeste bajó por *Chuychu*, un encantador arco iris hasta las playas doradas de *Chan Chan*. Allí, la luna dejó al hijo de ambos con la misión de fundar el país de los *Chimus*. Por esta razón, en todas las genealogías, los nativos del norte reconocen que la luna y un perro fueron sus primeros padres.

El periodista francés le pregunta si se identifica con Kandinsky, y Quintanilla no puede contenerse:

-¡Cómo quieren que sea un pintor abstracto si yo he nacido del Cusco! ¡No, señor. Yo no soy un alemán. Soy un hijo del Cusco.

El amor por su tierra y por las tradiciones de una cultura a la que se ha querido silenciar durante siglos han llevado a Quintanilla a estudiar con avidez la obra de Garcilaso y los cronistas. No es él un campesino que pinta. Es un artista culto que lee y estudia, y que ha frecuentado las clases de Levy-Strauss.

Justamente, él y yo nos hicimos amigos en la École des Hautes Études durante los meses que duró un seminario sobre el dualismo en el mundo andino dictado por Nathan Wachtel.

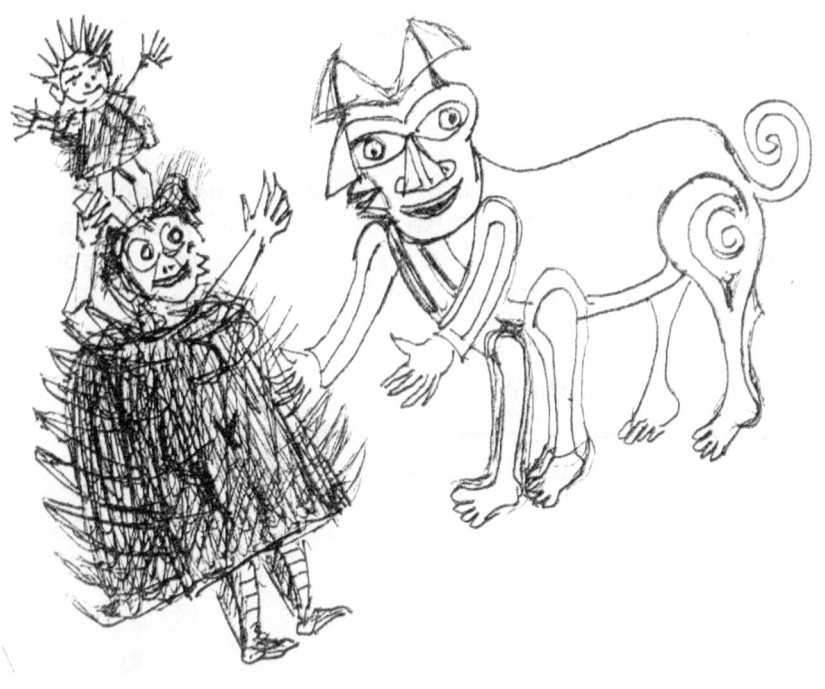

Los estudios etnológicos en París no lo han llevado a un frío alejamiento académico. Por el contrario, en Quintanilla no han hecho sino afianzar el amor por su tierra. Tal vez por eso su obra es universal.

Le pregunto:

-¿Por qué, Alberto? ¿Por qué recuerdas tanto? ¿Por qué motivo tu recuerdo se parece tanto a una obsesión?

-Porque un pintor no depende de la tela ni de los pinceles.-responde.- Creo que un pintor pesa por la cantidad de pasado que lleva dentro del corazón.

Otra comentada imagen de canino en su obra es la de "El Ángel de la Guarda con fusil". En ella el personaje celestial está efectivamente armado y, junto a él, un perro de pie le habla. Cada uno de ellos tiene dos rostros.

-¿De qué hablan, Alberto?

El pintor toma la guitarra y recita ese diálogo. Según parece, el instrumento de música le sirve para recordar:

¿Imapaqta fusilcan?
Angel fusilniyoqmi...

-¿Por qué tienes fusil? Los ángeles nunca vienen armados.-Aparentemente eso es lo que dice.

Por su parte, el aludido responderá que los tiempos violentos en que se vive lo obligan a caminar así. Eso no le satisface al perro quien siente que se le está quitando su trabajo de guardián.

-Los perros y los ángeles nos parecemos en mucho.- asegura el mastín muy enojado y añade:

-Pero ustedes viven en las nubes, y nosotros con los pies en tierra.

-Eso es lo que crees.- responde enigmático el ángel.

Cuando le pregunto a Alberto por qué el ángel ha dicho "eso es lo que crees" y le ruego que me cuente qué sigue de esta leyenda, rasga su guitarra y comienza a cantar. Con algunos golpes sobre la caja imita el sonido que hace alguien tocando la puerta.

¿Pitaq chay? ¿Quién será?
Kichamuy punkuta...

Alguien toca la puerta... ¿Quién será?
¡Abre la puerta!

Luego con una voz muy queda, casi de confidencia, relata el diálogo que sostiene un hombre con su esposa. Debido a una enfermedad, el esposo ha estado durmiendo en un piso superior de la casa y desea saber la razón de unos ruidos que escuchó durante la noche:

-Anoche le has abierto la puerta a alguien.- dice él.

-Sí, le he abierto, pero me he equivocado. Era un pato que estaba *caque, caque*, jadeando...

-¿Pato? ¿*Caque caque*? ...Me parecieron dos *caque caques* jadeando...

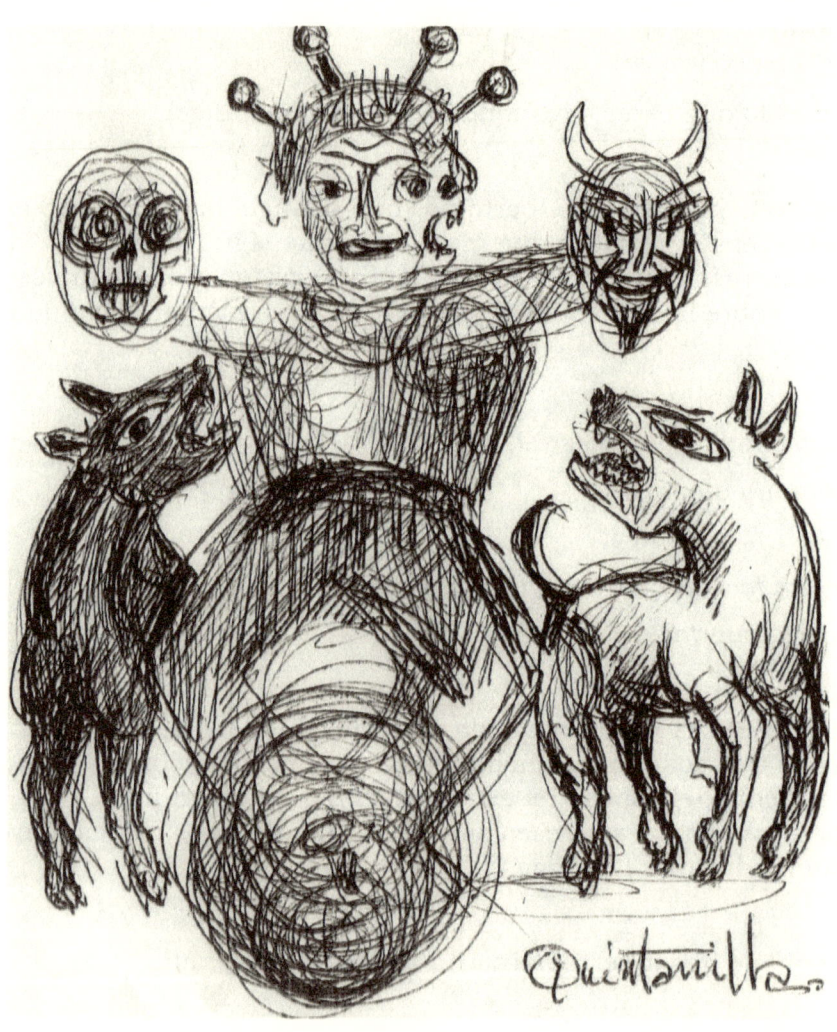

-Tienes razón. Primero vino un perro haciendo caque caque, pero no lo dejé entrar. Después tuve que abrir la puerta porque era el ángel de la guarda y estaba armado con su fusil... Y el ángel se pasó la noche cuidándome... ¡Tú sabes cómo son los ángeles de la guarda!

Hubo algunos otros perros en la vida de Alberto. El que más recuerda es uno que vivía en la casa de su madre cuando la familia llegó a Lima. Apenas se conocieron, el animal comenzó seguirlo por todas partes e incluso se mudó a vivir en su taller. Se pasaba la noche observándolo cuando pintaba.

-Eso me halagaba mucho. Además, al perrito le bastaba con mirar los colores. No hacía comentarios de arte.

El perro volvió a la casa de la familia cuando Alberto se fue a París. Sin embargo, aún en ese caso, cuando el pintor llamaba por teléfono a su madre, los ladridos de su amigo lo anunciaban.

-*Illari Chaska* está ladrando. Debe de ser una llamada de Alberto...

El pintor vive entre Francia y el Perú. En una ocasión, llegó a Lima, y su presencia en el Perú coincidió con los últimos días del canino.

-Se murió de muerte natural. Estaba muy viejo. Creo que me había estado esperando para despedirse. Nos miramos un rato que parecía eterno. En sus ojos me miraban y me hablaban mis amigos muertos...

Calla un instante y luego agrega:

-Algún día lo veré de nuevo. Será cuando él venga a acompañarme por ese mundo de arriba.

Mientras me habla de *Illari Chaska,* el pintor revisa su libro de bocetos y me lo muestra. Veo un perro blanco. Parece estar hablándonos.

-Parece estar hablándonos.-comento.

-Está hablándonos.-responde Quintanilla quien sigue rebuscando sus bocetos de perros. Junto a uno de ellos ha escrito:

-¡Cuánta gente me mira desde tus ojos, *Illari Chaska!* ¡Cuánta gente me habla!

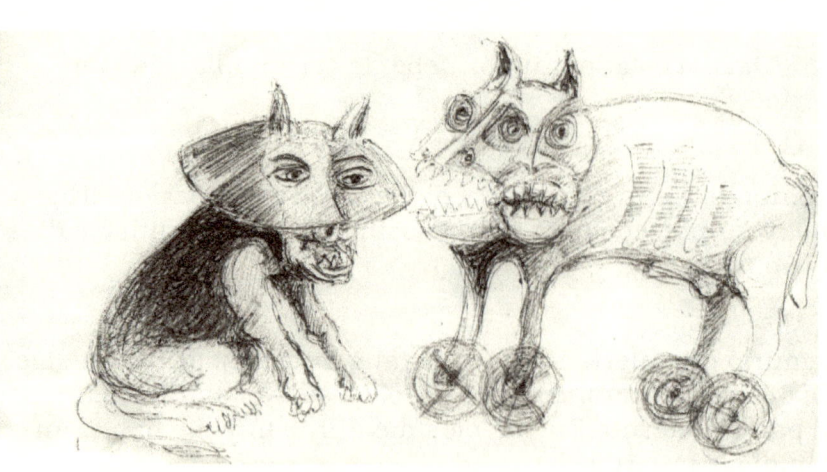

La imagen del perro está presente también en sus grabados. En uno que hizo en 1964 con ese nombre, el animal tiene un rostro humano. Su cuerpo parece visto con rayos equis. Si él espectador se detiene a observarlo advertirá dentro de él una serie de estampas y alusiones sexuales. Incluso hay una mujer desnuda que yace bajo la imagen principal y evoca las risueñas historias cantadas en sus huaynos.

El zorro, el lobo, el jaguar invaden también sus obras. A todos ellos se junta la "carcancha", una expresión andina de la muerte. En todos ellos, además, se advierte una danza perpetua, una burla a las leyes de la gravedad, una vitalidad sin descanso y una permanente declaración de su creencia en el mundo de sus ancestros.

Tal vez sea esa la razón por la cual esta obra es inmensa. Pareciera que qué no tan sólo el artista sino que, en verdad, la voz tutelar de los Apus se expresara a través de él.

El perro está presente en los Andes desde la más remota antigüedad. Se le encuentra en cerámicos de diversas civilizaciones que antecedieron a la inca. Hay perros entre los *Vicus, los Mochicas, los Chancay, los Sicán y los Chimús.* Más aún, como lo evoca Quintanilla, en esta vieja cultura surgida más de mil años antes de Cristo, se les atribuye un ancestro fundador.

Cuando el arqueólogo Walter Alva descubrió la tumba de un personaje a quien llamó el *Señor de Sipán,* halló que su momia estaba rodeada por ocho esqueletos de sirvientes, dos mujeres... y un perro.

El perro nacido en este lado del mundo está desprovisto de pelos y tiene una temperatura corporal superior a la promedio. Debido a ello, es el compañero requerido de los ancianos, los niños y los enfermos.

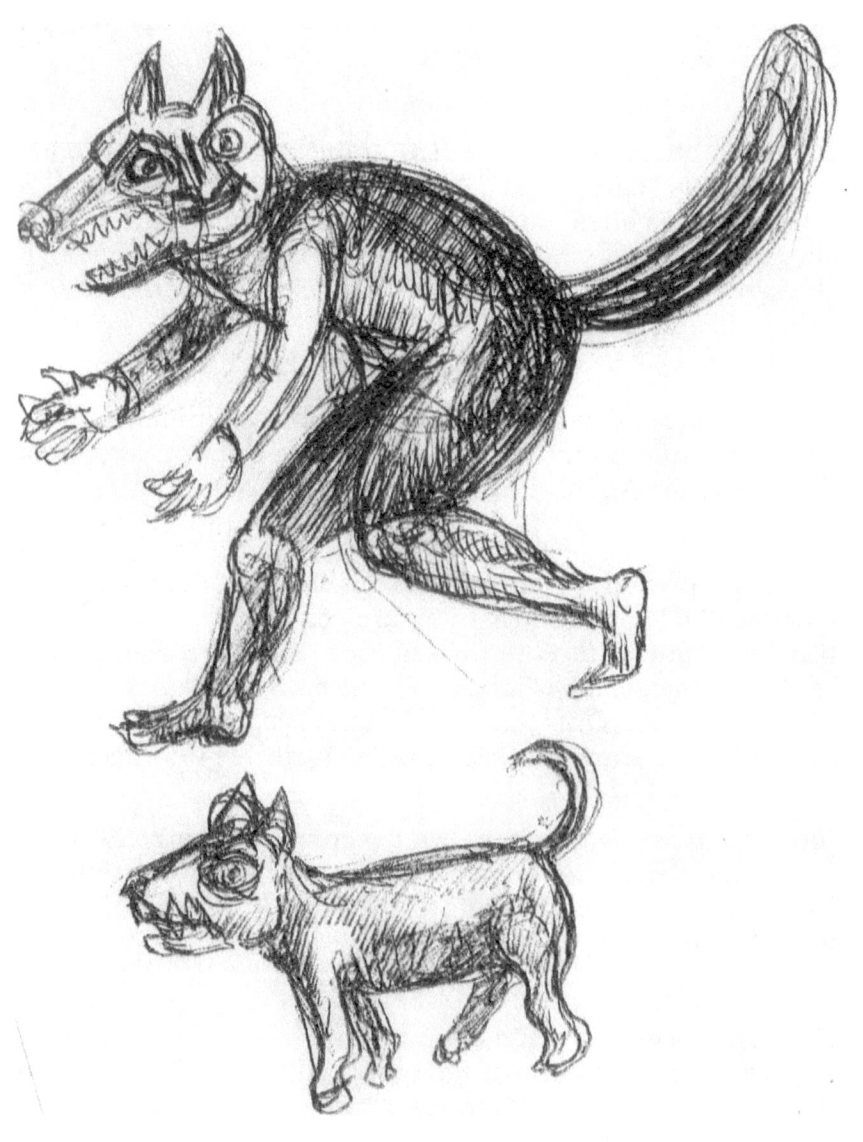

En quechua, se le llama *allqu*. Por su parte, los cronistas de la conquista lo denominan *"viringo"*, y entre los *chimus* le decían *cholo*.

Aparte de su presencia en las campañas militares de los incas, la leyendas le atribuyen una presencia destacada y misteriosa en el mundo de los muertos. De acuerdo con la cosmogonía quechua, cuando un hombre muere se va de este mundo *(Kay Pacha)* hacia las extrañas tierras que hay abajo *(Uju Pacha)*, allí le espera un largo camino que incluye incluso navegaciones para llegar hasta la esfera celeste *(Hanan Pacha)*. En toda esa odisea, un perro camina al lado del difunto..

Influido por las creencias de esa naturaleza, un vecino de infancia de Alberto -el *Pablucha*- se untaba legañas de perro para de esta manera poder ver a los fantasmas.

Un perro acompaña a los chamanes en las sesiones de brujería. Allí, en ellas, una serie de objetos representan el mundo. Hay cristales y piedras que llegaron a la "mesa" en nombre de la laguna y la montaña, espejos, espadas y botellas que simbolizan tierras, lejanías y amistades. Enfrente de todo ello, está el brujo-sucesor del sacerdote andino-decidiendo de qué manera armar y desarmar el cosmos. Las más de las veces, un perro pensativo lo acompaña.

Hay buena razón por ello para que los perros habiten el universo de sus dibujos, grabados, óleos y esculturas. Expresan ellos una fidelidad sin fin a la infancia y a la tierra.

Ella lo hace pintar y, al mismo tiempo, entender la razón de su tarea.

¿Y el caballo? ¿Por qué se haría presente el caballo con tanta obsesión en esos cuadros?... Recordemos que aquél no es un animal andino y que más bien condujo a las huestes de los conquistadores para conquistar los reinos del Tawantinsuyo.

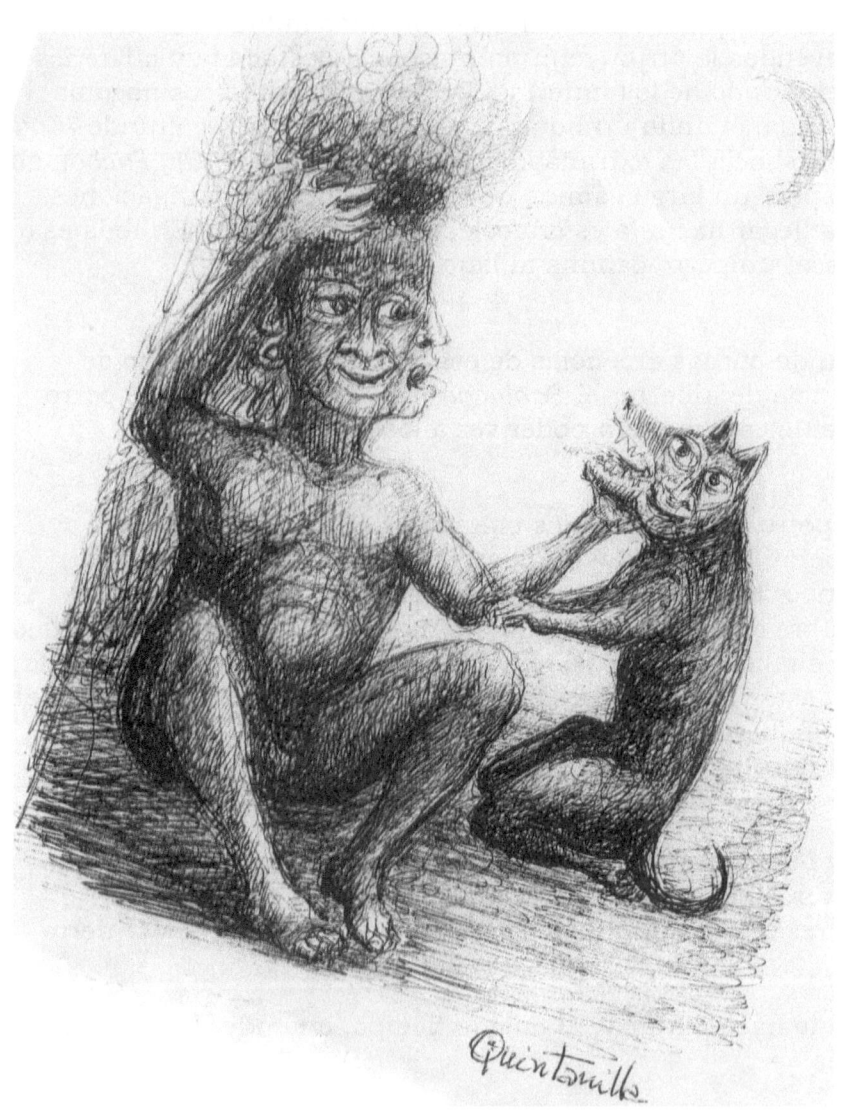

Se le pregunto a Quintanilla y, de inmediato, responde.

-Pero se asimiló a nuestra tierra. No olvidemos que el movimiento emancipador más importante de América lo hizo Tupac Amaru a la cabeza de una escuadra de jinetes.

Hay que entender que el apego a lo nativo predominante en Quintanilla no excluye a nadie, no es chovinista. Es un amor por lo propio que lo hace universal. Pareciera ser más bien un afán por andinizar el mundo. Ello lo haría declarar:

"Procedemos de dos mundos, dos historias, que se mezclaron a la fuerza: la cultura mística, cultura de España y la cultura incaica, fuertemente integrada a la naturaleza.

No soy un pintor realista, ni tampoco abstracto.

Mi imaginario personal es parte del imaginario colectivo de mi pueblo. En ese sentido soy un artista comprometido pues mostrándolo yo al mundo, sirvo a mi pueblo."

La fantasmagoría de Quintanilla no reconoce fronteras ni acepta miradas estrechas... ni mucho menos descanso.

Como él mismo lo dirá:

-Un cuadro viene a mí todas las noches. Constato que es el mismo cuadro y entiendo por qué motivo alguien dijo que un cuadro no termina nunca.

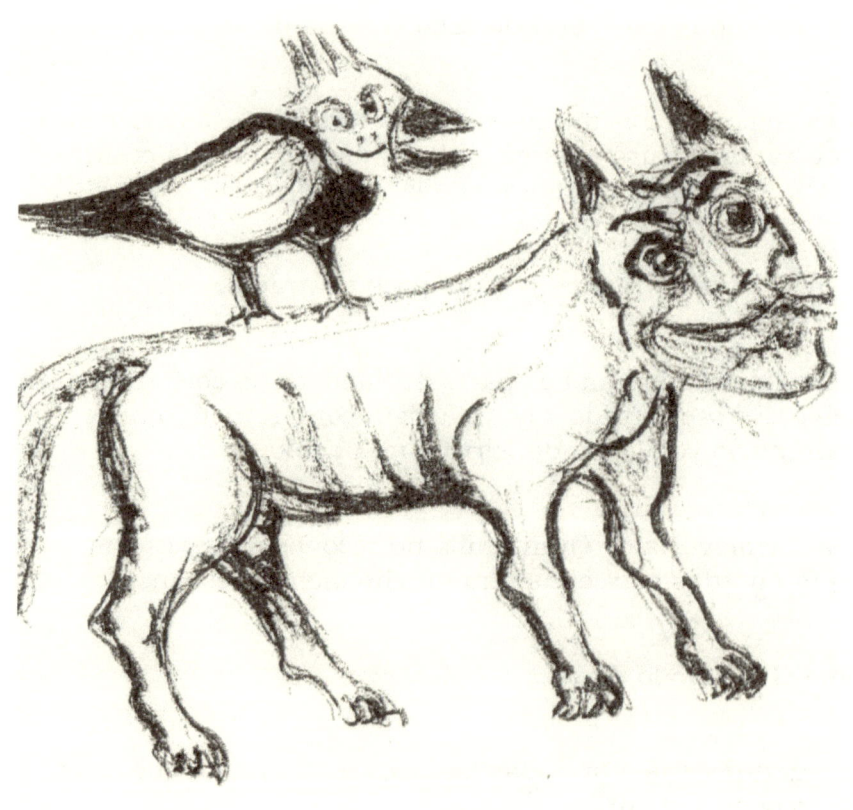

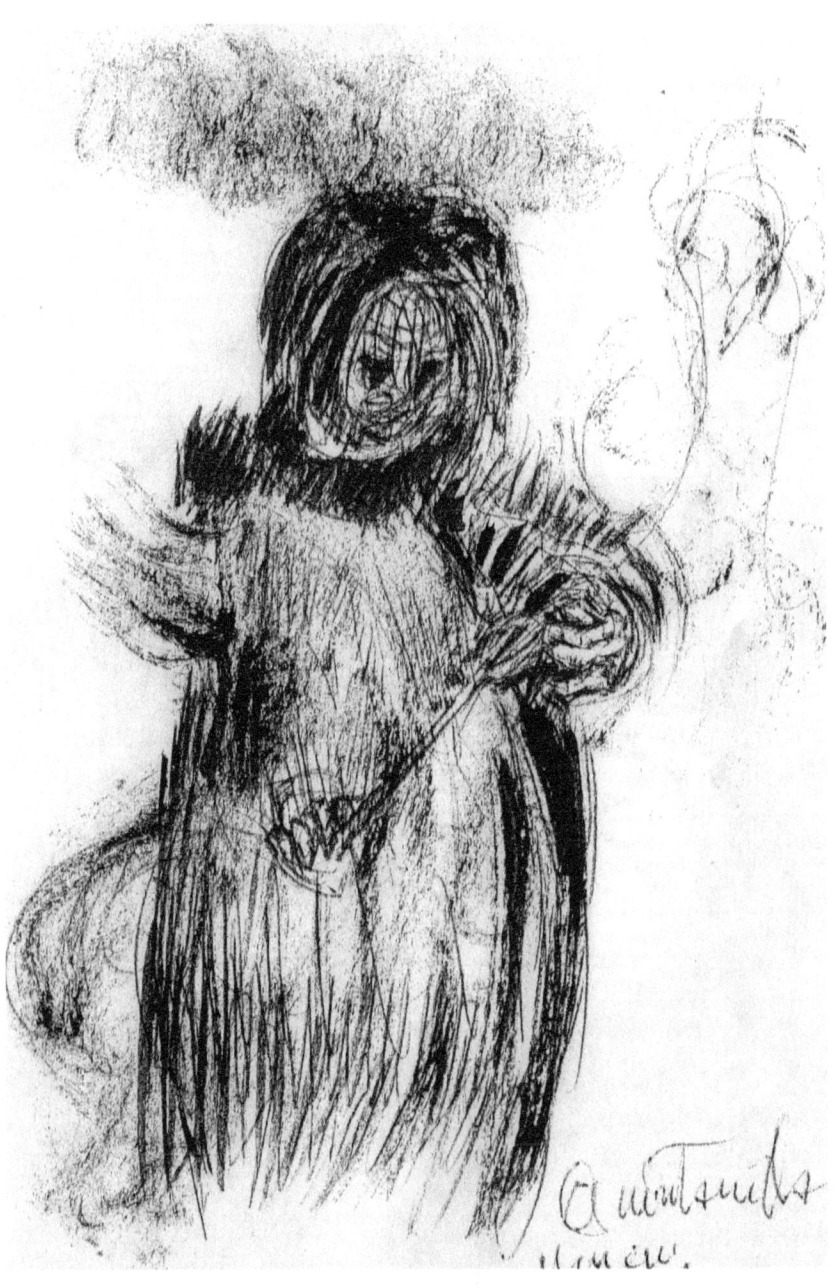

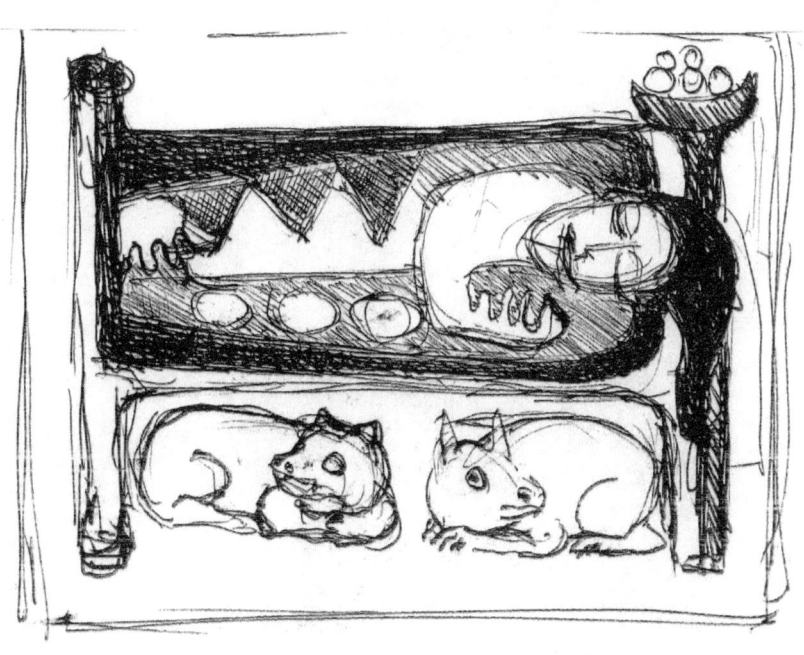

VII) ¿Andas tú con tu wayq'e?

Los personajes con dos rostros-característicos en esta pintura-han causado una serie de interpretaciones en torno de lo que el autor se habría propuesto al diseñarlos. ¿Significan ellos una censura a la hipocresía? ¿Tienen que ver con la creencia en el doble?

Le pregunto sobre este asunto, y Quintanilla no me da explicaciones en torno de lo que podrían simbolizar. Sin embargo, me cuenta la manera casual en que ellos ingresaron en su obra. Una vez más, se impone un recuerdo del Cusco. Es la historia de su tío Leónidas.

Leónidas no era una persona noble y generosa. A pesar de que su hermano mayor Juan Alberto, padre del pintor, lo había criado y educado, fue mezquino con él. No aceptó apoyarlo en el momento en que más lo necesitaba. Debido eso, se estableció una permanente tirantez entre ellos.

-Uno y otro eran completamente diferentes-cuenta Alberto.-Mi padre era dadivoso, jaranero, amiguero, mil oficios y generalmente andaba pobre. El tío Leónidas, en cambio era tacaño, roñoso, abstemio, egoísta, huraño e insociable

Agrega que:

-Mi padre tuvo quince hijos. Mi tío no tuvo ninguno. Las esposas de uno y otro, además, no se querían. La del tío Leónidas le decía mi madre que era una coneja porque paría cada año. Mi madre retrucaba llamándola mula porque ese animal es incapaz de engendrar.

Por fin, al próspero tío Leónidas lo atacó el mal de Parkinson. Tal vez deprimido por eso o por su falta de amigos, un día decidió suicidarse. Se vistió muy elegante, tomó una pistola y se disparó.

Lamentablemente para él, debido al temblor que caracteriza al mal de Parkinson, su mano agitada cambió la dirección de la pistola. Al ser disparada, la bala atravesó el atlas y el axis... Y mi tío no tan sólo no murió sino que se curó el Parkinson.

En vez de sentirse feliz por ese regalo de vida, el tío Leónidas se hizo misántropo y malvado. En vista de que no tenía hijos y para evitar que mi padre lo heredase, adoptó a un jovencito desconocido y le dejó su fortuna. Además, unos meses más tarde se metió en una tina de agua, se cortó las venas y por fin expiró. Los periódicos dijeron que se había suicidado dos veces.

En esa época, me encontraba yo en Lima durante mis estudios en la Escuela de Bellas Artes. Cuando me comunicaron la muerte de mi tío, decidí pintar su retrato. Me daba pena que la perversidad lo hubiera hecho desperdiciar su vida, y deseaba mostrarlo tal cual había sido de joven.

Me puse frente a la tela blanca y comencé a recordarlo. Cuando yo era niño, el tío Leónidas vivía en nuestra casa apoyado por mis padres quienes lo enviaron a la escuela. Era un joven simpático y, muchas veces, jugaba con nosotros, sus sobrinos más pequeños. Esa era la etapa de su vida que yo quería perennizar.

Después de un rato muy largo, tomé el carboncillo y quise hacerlo de frente, pero no me sentía contento. Lo dibujé entonces de perfil, y me salió mejor.

Tomé el luego el pincel, pero creo que estaba demasiado cargado de trementina. Por esta razón y por accidente, la pintura se derramó del pincel y comenzó a correr por las dos líneas, la del frente y la de perfil, que yo había trazado. Entonces aparecieron las dos caras.

Le pregunto si cree que aquello fue tan sólo una coincidencia o si, más bien, el destino o un mandato misterioso causaron el accidente. Quintanilla sonríe. Después se pone serio. Por fin, analiza.

-Te estoy hablando del origen accidental de una forma de pintar, pero no te he hablado de lo que esas dos caras significan para mí o para mi gente.

Entonces, me explica la teoría de los *wayjes* o dobles, una forma ancestral de ver el mundo entre la gente de los Andes. Según ella, cada uno nace con un *wayq'e* o hermano. En unos casos, se trata del alma o del espíritu. En otros, se refiere a otra persona.

El *wayq'e* es un consejero. Por ejemplo, entre los emperadores incas, podía tratarse de una persona, de una suerte de ministro.

La identidad entre la persona y su *wayje* es indispensable para emprender un normal y feliz camino por la vida. Tal es la razón por la cual cuando uno quiere saber cómo se siente un amigo, le pregunta:

-*¿Wayq'ueykihuanchu-purinki?*
 -*¿¡Andas tú con tu wayje?*

Y el amigo puede responder afirmativamente o que poco a poco lo hace, y también:

-Anoche soñé con mi wayq'e.

Wayq'es pueden ser también los animales porque el ser humano es hermano de todos ellos, y porque todo es divino en la comunidad andina.

-Recuerdo cuando mi madre iba a rezar al Señor de los Temblores. Antes de llegar a la iglesia pasaba por un lugar donde habían puesto la escultura de un sapo. A él también le prendía una vela. Me explicaba que lo hacía porque todo es Dios en nuestro mundo.

¿Qué somos?, ¿Adónde vamos?, ¿De dónde venimos? ¿Qué nos espera después? ¿Existe la muerte? ¿Tiene sentido la vida? ¿En qué nos diferenciamos de las piedras y de los animales? ¿Quién es Dios y por dónde camina? ¿Y dónde está? ¿Está fuera de nosotros o está dentro de nosotros mismos?

Los occidentales y los quechuas responden de formas diferentes, incluso contradictorias a cualquiera de estas preguntas. Las diferencias entre la visión de la cultura invasora y la de aquella que había perdurado en América durante miles de años son enormes y evidentes. La imposición de una religión importada significó la transposición de íconos, pero no destruyó el pensamiento andino.

En mérito de sus antiguas creencias, el hombre andino ve en todo lo que le rodea una manifestación de la divinidad, y su religiosidad lo hace un *hijo de la tierra*. Y eso es exactamente lo que es Quintanilla y lo que expresa. Lo suyo es nuestro y universal. Mirar una cualquiera de sus pinturas significa participar en el renacimiento de una cultura que jamás estuvo muerta.

Se puede entender por ello la reacción que suscita entre propios y ajenos. En París como en Copenhague o Londres, en Lima como en Trujillo o Arequipa, la gente siente que esos seres del sueño le dicen algo, y lo hacen participar en un ritual de vida eterna.

En una exposición que se celebraba en Cusco, un grupo de campesinos entró en la sala y puso flores y velas en torno de una de las esculturas de Quintanilla. Después, entonaron algunos huaynos.

Por cierto, no todos en el Perú festejan el hecho de tener un compatriota universal. Se dio el caso de César Vallejo, el mayor de los poetas en castellano durante el siglo XX. En su época, fue denostado, infamado e incluso menospreciado por el crítico literario más importante de Lima, Clemente Palma. Aquél dijo que el por entonces joven poeta debía atarse junto con sus poemas a las rieles de un ferrocarril, y esperar a que el tren pasara sobre aquellos "mamarrachos".

Clemente Palma, además de crítico de moda, era un prometedor autor de relatos. Sin embargo, nadie lo recuerda por sus obras sino por su malintencionada sátira contra Vallejo. Ha alcanzado la inmortalidad de esa manera.

En la más conocida revista limeña, Luis Lama, autoerigido como crítico oficial de arte, se quejó amargamente de la aceptación internacional que recibe la pintura de Quintanilla. En una página colmada de frases afligidas, señaló que el impacto de esta obra en los países del Norte del mundo se debe al "colorinche anecdótico" de la misma.

En estos momentos, el zoilo referido debe estar aguardando la porción de eternidad a la que sus diatribas quejosas contra el gran artista lo han hecho merecedor.

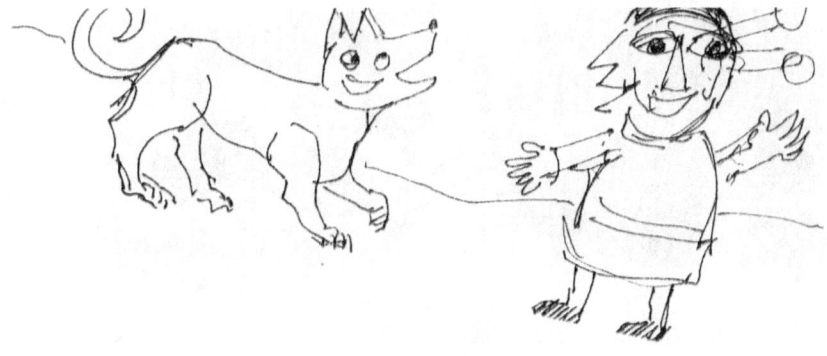

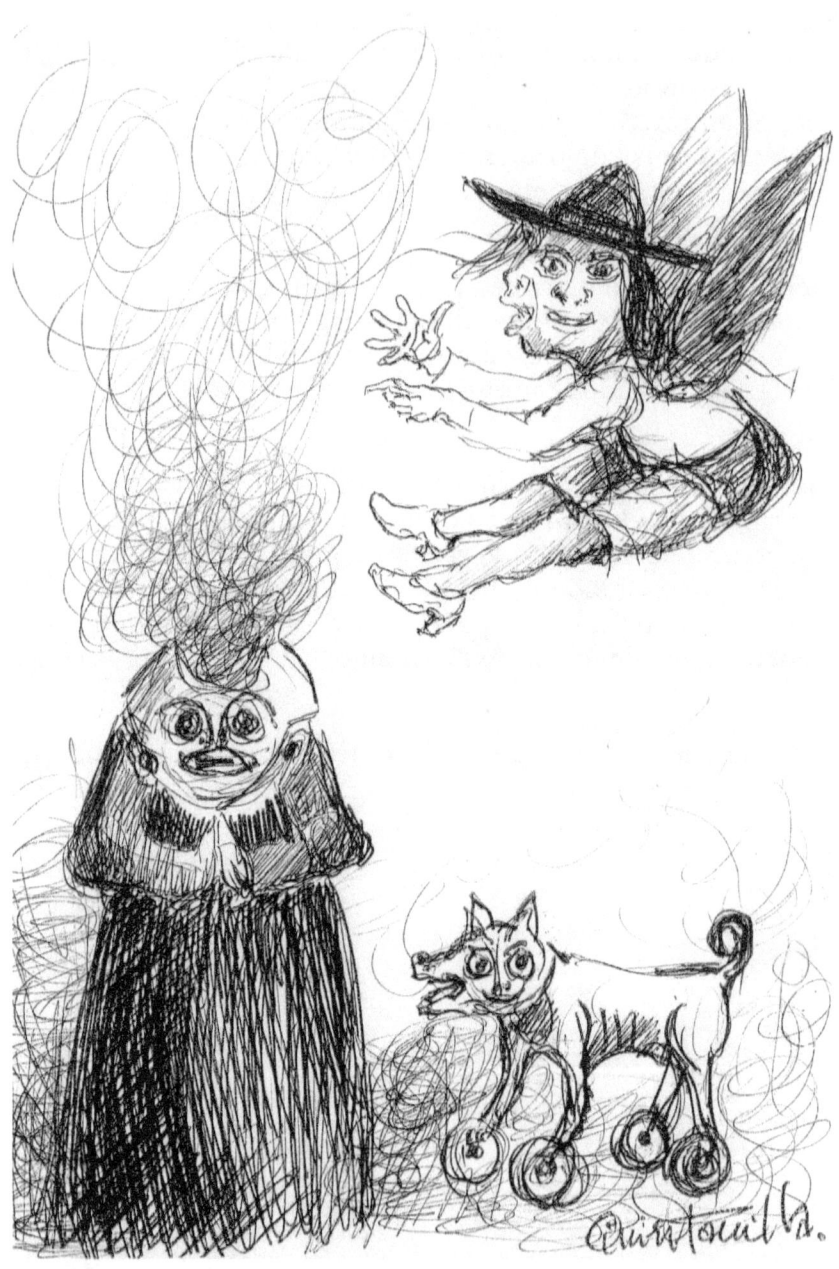

VIII) Pitaq saqra? ¿Quién es el diablo?

"Manchaypuytu" es un tema que se repite en las telas de Quintanilla. Se trata de un personaje- hombre, animal o monstruo-que toca una flauta. Mientras lo hace, el extremo del instrumento musical está introducido en una vasija de agua.

La imagen proviene de una leyenda según la cual un hombre pretendía de amores a una doncella, pero todos sus esfuerzos por conquistarla fueron vanos. En venganza, la acusó de bruja ante los inquisidores quienes le dieron muerte.

En la leyenda del "Manchaypuytu", el amante ha fabricado la flauta con un fémur de la amada y lo ha introducido en una vasija. A medida que sopla, el sonido flotará sobre el agua y producirá una música sobrenatural.

En el Cusco de su infancia, Alberto escuchó decir que los sonidos así emitidos hacen que quienes los escuchen se tornen tuberculosos o se queden pasmados.

Le pregunto si el músico criminal que ha diseñado estaba inspirado por el diablo.

-El diablo no existe.- es toda su respuesta.

Me asegura luego que la concepción de un ser que encarna el mal en oposición contra Dios no se dio nunca en la cultura andina.

-¿Y los danzarines de la "diablada"? ¿Y los múltiples seres con cuernos que viven en tus telas?

Me explica que estos diseños son una suerte de burla escondida en la cultura de los vencidos.

-Son diablos, pero no encarnan el mal. En el imaginario colectivo, son el alma de una laguna, de un cerro, de un bosque o de una casa. Te repito, ostentan los cuernos de la demonología cristiana, pero son seres juguetones. Son almas de los humanos y de las cosas... Y se pasan todo el tiempo bailando y solazándose en el universo... En la religión andina, no existe una encarnación del mal.

¿Pitaq saqra? ¿Dónde está el diablo entonces o, más bien, quién lo trajo?- le pregunto a Alberto y le pido que me lo explique frente a una de sus obras.

Mi entrevistado no tiene inconveniente. Me muestra una colección de cuadernos en los que se hallan sus bocetos. Las más de las veces, en la página siguiente a cada diseño, ha escrito algún breve texto. Bien puede ser éste un poema suyo, un comentario o una información que tiene algo que ver con lo que quiere expresar.

Me imaginaba que nos iba a tomar mucho tiempo encontrar la referencia al demonio, pero estaba equivocado. Aunque son más de veinte los cuadernos, y cualquiera de ellos tiene más de cien páginas, Quintanilla los ha ordenado por tema, lugar y fecha.

De esta manera fácil, nos encontramos con una serie de dibujos que representan a un hombre con sotana, pero también con cuernos. El personaje está frente a una mujer atada. Parece estar interrogándola. Los dibujos, más de veinte, parecen contar una historia.

Sin embargo, el artista no hace comentario alguno en el cuaderno. Solamente ha añadido un texto impreso que corresponde a una diligencia judicial.

Se trata de un expediente de "extirpación de idolatrías". Como se sabe, durante los siglos coloniales, algunos sacerdotes – llamados *extirpadores*- estaban encargados de hacer visitas a las comunidades andinas, castigar públicamente a quienes ellos calificaban de hechiceros y, por fin, incautar o destruir cualquier objeto que revelara un culto religioso no cristiano.

El expediente que me muestra data del año 1650. El sacerdote Antonio de Cáceres da cuenta del interrogatorio al que han sometido a una mujer llamada Lucía Carua Chumbi, a quien acusa de hechicera.

La imputada confiesa haber rendido culto a una montaña a la cual ofrecía corderos vivos y muertos. Pero Cáceres quiere saber más.

Le pregunta si ha hablado con el demonio, y ella tiene que responder –bajo tortura- que lo ha hecho dos veces. Cuando extirpador trata de saber cuáles eran las trazas del diablo, ella no sabe qué responder y prefiere decir que aquél traía la cara cubierta con una manta.

El interrogatorio continúa cuando Cáceres, aparentemente movido por sus propias urgencias sexuales, le pregunta si ha tenido relaciones de esa naturaleza con el demonio.

Bajo tormento, Lucía declara que sí lo hizo. Sin embargo el sacerdote no se siente satisfecho. Le pregunta por las cosas que en la cama había dicho el demonio y por fin por el color, el sabor y la temperatura de su semen.

"Preguntada que si el miembro que le metía el demonio era como el de su marido, dijo que de la misma forma. Y que todo lo que le pregunten es verdad, que es verdad, que así lo confiesa como le ha sucedido. Y que después de tomarla, se iba el demonio sin decir palabra."

-¿Querías saber quién es el demonio?... Ahora ya lo sabes. ¿Querías saberlo quien introdujo en la mentalidad andina la noción de un hombre con cuernos que encarna todo el mal de la tierra... ahora ya lo sabes. Ese hombre es el extirpador.

En los dibujos siguientes, el sacerdote sigue interrogando a la mujer. A veces, mientras pregunta y tortura, tiene dos, tres o cuatro caras. No le faltan los cuernos ni los ojos brillantes que despiden fuego.

-¿No será diablo él mismo?

-¡Quién sabe!

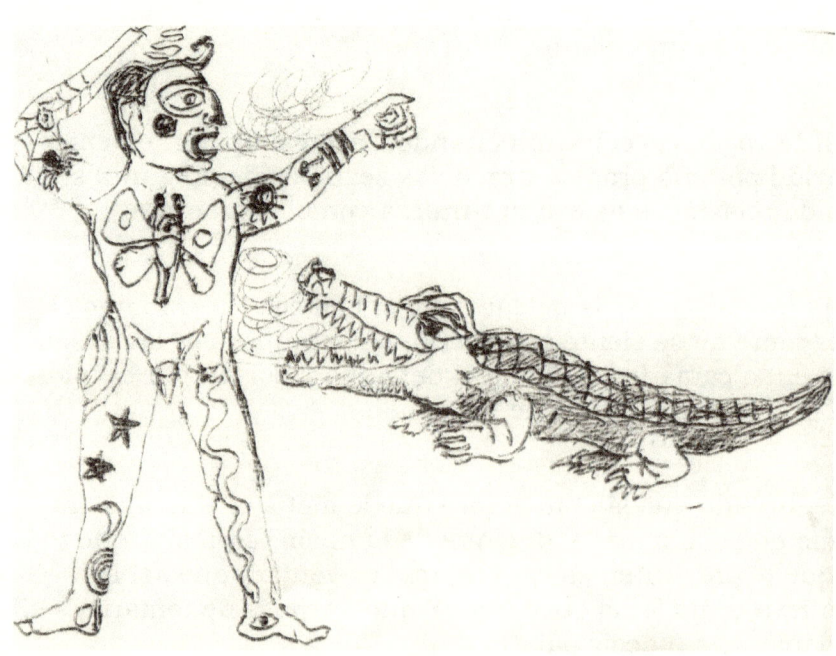

IX) Un ejército chino de esculturas

Inmediatamente después se suceden más y más escenas del "Manchaypuytu". Son tantas que parecen una obsesión. El pintor ha logrado retratar no tan sólo las figuras sino también la música producida por esa flauta hecha de hueso humano. Hombre, instrumento y vasija se halla en las más diversas posiciones. Todos esos bocetos se han convertido a lo largo de los años en lienzos y en estructuras metálicas.

No se puede calcular cuántas son las obras de Alberto Quintanilla. Lo he intentado pasando del cuaderno a las fotografías y luego a los cuadros y esculturas que colman su taller. He incluido en mi cálculo las que presentara en sus múltiples exposiciones y aquellas que existen en su taller de París. Mi cálculo es que si se colocan en varias líneas las esculturas, ellas harían el largo y el volumen de los ejércitos de terracota pertenecientes al primer emperador chino, Qin Shihuang.

Hay entre ellas, diversas versiones del apóstol Santiago, aquel que en España fuera llamado Santiago Matamoros y que en el mundo andino se convirtió en mata indios. Hay decenas de caballos, músicos, bicicletas que conducen a flautistas, contorsionistas, toros, diablos, peces, payasos, caracoles y violinistas.

Un caballo conduce a los cuatro hermanos Ayar, los fundadores míticos del imperio andino. Se me ocurrió preguntarle por qué usa la imagen de un caballo si aquél no es un animal americano. Quintanilla sonríe y me responde que los Ayar se encuentran sobre el caballo, y no al revés.

Me asombra encontrar a un hombre de cuya frente emerge una serpiente. Le pregunto a su autor de quien se trata.

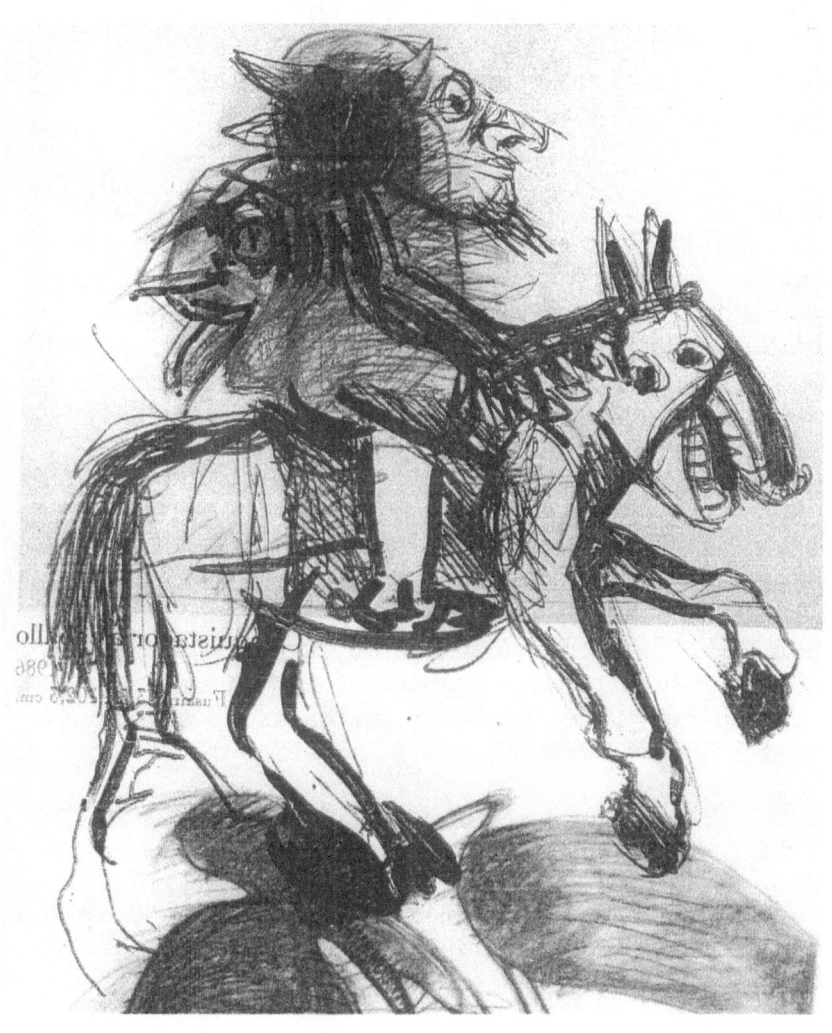

-Es el *Yachaysapa*.- me dice y agrega que la serpiente representa a la sabiduría de la tierra, y por lo tanto este personaje es el hombre que lo sabe todo.

Me pregunto si estoy hablando con un pintor cusqueño de nuestra época o con un Yachaysapa.

Como este hombre sabio, los diablos, los caballos, las serpientes, los seres humanos y los dragones están flotando siempre y tienen la facultad de estar suspendidos sobre un cielo que nunca termina.

¿Hay algún dragón que nos inspire miedo en esas alturas? ¿Hay alguna fuerza maléfica que nos imponga el camino de la expiación por nuestros innumerables pecados? ¿Se escapará una de estas bestias del lienzo para acompañarnos en una noche de pesadilla?

La respuesta es negativa. El cielo y el mundo que nos pinta Alberto Quintanilla no tienen nada que ver con la visión de ultratumba que llegaba al viejo imperio y era impuesta por los maléficos inquisidores. El mundo y el cielo de Quintanilla pertenecen a la cultura de los Andes.

¿Cómo es posible que tantos siglos de imposición no hayan podido desterrar a las viejas creencias? Estudiando la obra del cusqueño, obtenemos la respuesta. Una cultura es un demonio vivo. Ni el genocidio ni un brutal gobierno de siglos pueden ultimarla.

-No se puede abolir una cultura por decreto.-declara Quintanilla.

Un símil histórico puede ayudarnos a comprender los artilugios de esta cultura invencible. Imagínese el lector que el milenario imperio chino hubiera sido conquistado por alguna potencia occidental y que todos sus habitantes, en nuestro tiempo, hablaran inglés, francés, holandés o alemán.

¿Puede suponerse que el budismo y el taoísmo hubieran sido reemplazados por una creencia religiosa de los colonizadores? ¿Puede creerse que los atributos sobrenaturales de los emperadores hubieran sido negados por el imaginario popular? ¿Podría asegurarse que la vieja medicina china de los impulsos eléctricos, de la acupuntura, o de las hierbas milagrosas, pudiera haber sido suplida por las cataplasmas y los emplastos de la incipiente medicina europea?

Tan obvia como la negación de todos esos supuestos es la que corresponde al milenario imperio de los Andes. Un mundo que ha comenzado hace decenas de miles de años y cuyos últimos representantes son los incas no pudo haber sido destruido de la noche a la mañana por una pandilla de bandoleros ni mucho menos se pudo haber borrado de él los adelantos tecnológicos ni los sueños artísticos ni los dioses que lo acompañaron en toda su portentosa existencia.

Por cierto que el mestizaje y el sincretismo se dan en el nacimiento de una nueva expresión cultural, pero no en el sentido en que lo hubieran querido los colonizadores. Se imaginaban ellos una España trasplantada a las alturas de los Andes, pero no tuvieron la capacidad ni el genio para lograr lo que se proponían.

Las que citamos arriba son razones históricas, pero también existen motivaciones extrañas, casi sobrenaturales. En poesía, se da el caso de un mestizo genial, César Vallejo, que conserva el castellano pero rompe con la rigidez de una poesía que había durado mil años y termina creando un nuevo registro expresivo y le ha dado pasmo y asombro.

En pintura, el Yachaysapa Alberto Quintanilla es el mejor ejemplo. No se dedica él a pintar los azules y etéreos paisajes de las montañas sudamericanas. Sus ojos van más allá. Es un

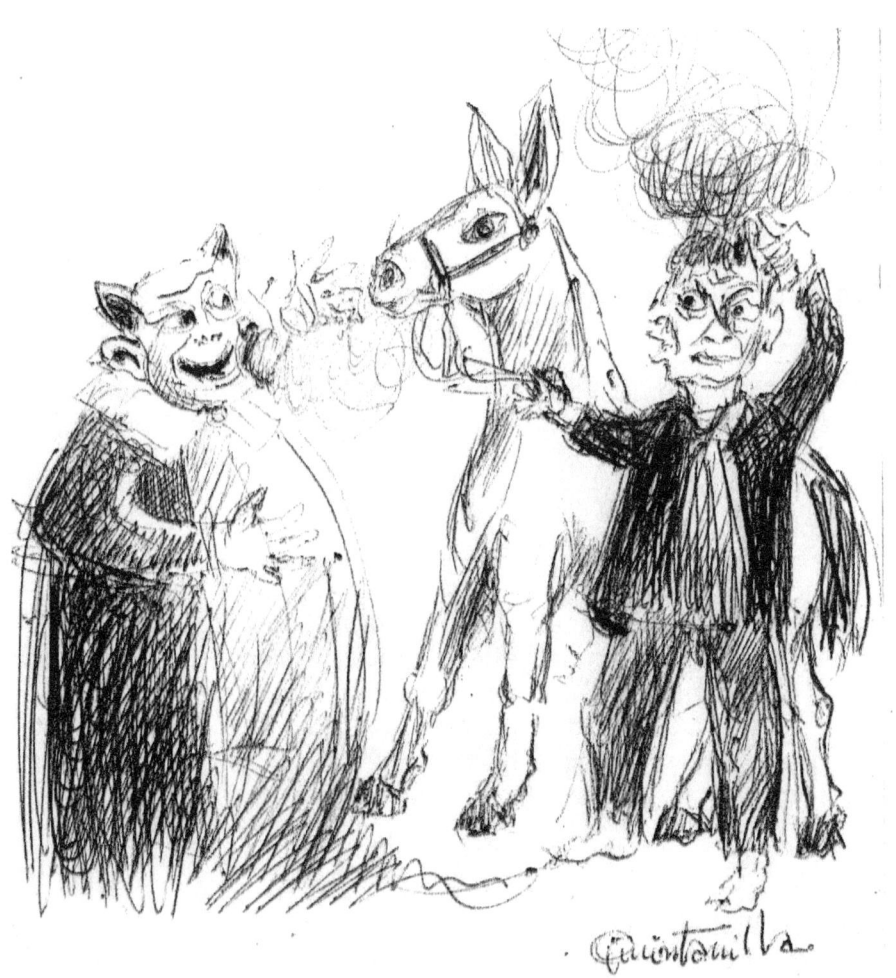

vidente. "El mismo es una escultura andina", dirá Jean Marie Drot.

Sabe que su función no es reproducir una montaña o un árbol sino crearlos. A lo mejor, el mismo es un personaje de sus cuadros o un amauta que ha resucitado. Sus trazos se internan en el corazón y los sueños de los descendientes de la vieja cultura sometida y exploran el mundo sublevante de la imaginación andina.

En sus obras, la pesadilla católica cede paso al relajo andino. En vez de seres amenazantes de esa otra religión, aquí los diablos que se divierten en bicicleta, los violinistas suben al cielo, los peces se encaraman sobre los caballos y, junto a ellos, las serpientes, los toros y los caracoles participan en la obra cómplice de dibujar un universo sonriente y burlón.

Si Quintanilla no hubiera nacido en nuestro tiempo, habría sido un artista o un alarife en los siglos anteriores a los de la colonización española. Se trata de un amauta de los viejos tiempos de pronto sumergido en el cuerpo de un mestizo peruano.

Un investigador de genealogías me explica que el primero de los Quintanillas en arribar al Cusco fue un capitán español del siglo XVII, Alonso de Quintanilla, quien se casaría con una princesa incaica llamada Unu Manta. *Unu* significa "agua". Pero mucho más allá de la herencia genética, se da en él la manifestación de un espíritu enamorado del Cusco.

En él, muere la noche y se establece la resurrección de una raza y el nacimiento de una cultura que ha de ser algún día tan sorprendente como la que la precedió. La anuncian los dibujos, grabados, óleos y esculturas de Quintanilla en los cuales el tiempo festeja su liberación y se une en una orgía sin fin con todas las criaturas del planeta.

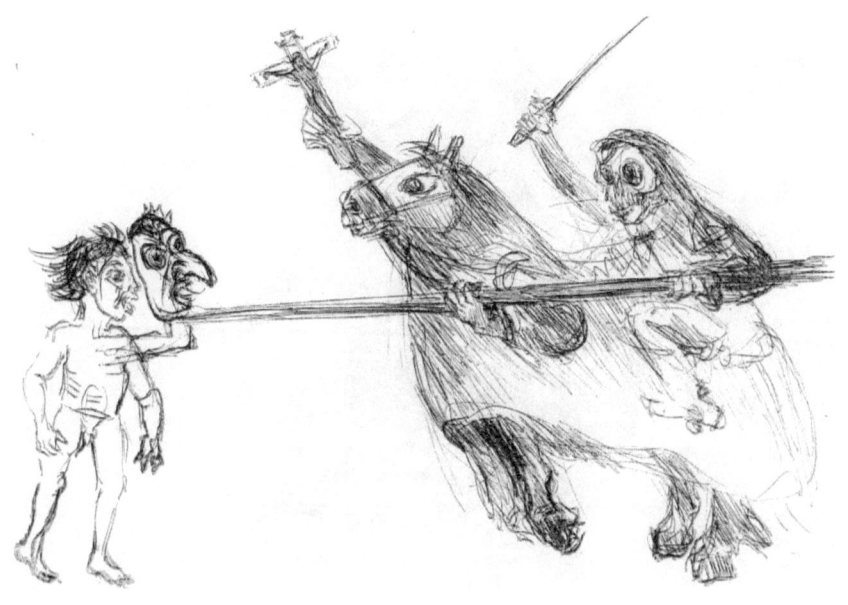

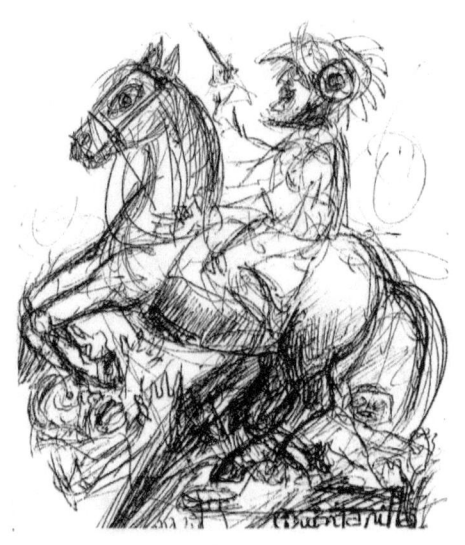

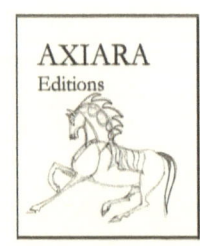

Axiara Editions

Salem, Berkeley & Sevilla

Noviembre del 2012

www.ingramcontent.com/pod-product-compliance
Lightning Source LLC
Chambersburg PA
CBHW022102170526
45157CB00004B/1451